AF361057

CHAQUE PIÈCE, 20 CENTIMES.
93e ET 94e LIVRAISONS.

THÉATRE CONTEMPORAIN ILLUSTRÉ

MICHEL LÉVY FRÈRES, ÉDITEURS,
RUE VIVIENNE, 2 BIS.

LE COEUR ET LA DOT

COMÉDIE EN CINQ ACTES ET EN PROSE

PAR M. FÉLICIEN MALLEFILLE

REPRÉSENTÉE POUR LA PREMIÈRE FOIS, A PARIS, SUR LE THÉATRE-FRANÇAIS, LE 24 DÉCEMBRE 1852.

DISTRIBUTION DE LA PIÈCE.

Me CHAVAROT, avoué, 40 ans................ MM. RÉGNIER.	Mme VEUVE DESPERRIERS, 80 ans............ Mlles JOUASSAIN.
LE DOCTEUR DUMÈGE, médecin des Eaux de Vichy,	Mlle ADÈLE DESPERRIERS, sa petite-fille, 17 ans, D. FIX.
55 ans........ .... BEAUVALLET	NANON-LA-CHERCHEUSE, sœur de lait d'Adèle, do-
HENRI DUMÈGE, son fils, 22 ans............. . DELAUNAY	mestique de Mme Desperriers, 25 ans........... A. BROHAN.
LE CaPITAINE BEAUDRILLE, ancien corsaire, 55 ans. GOT.	UN DOMESTIQUE de l'Établissement des bains ... M. CASTEL.
Mlle ATHÉNAIS BEAUDRILLE, sa nièce, 25 ans.. Mlle NATHALIE.	*Aux Eaux de Vichy, en 1851.*

ACTE I.

Le jardin de l'Établissement des Eaux. — A gauche du public, un pavillon exhaussé sur des marches, et au fronton duquel se voit, tracée en grosses lettres, cette inscription : SALON DE MUSIQUE. — A droite, une table et deux chaises. — Dix heures du matin.

SCÈNE PREMIÈRE.

Mme DESPERRIERS, ADÈLE, *entrant par la droite.*

ADÈLE, *montrant un bouquet à madame Desperriers.*

Comment trouvez-vous mon bouquet, grand'maman? C'est Nanon qui l'a cueilli et c'est moi qui l'ai arrangé.

Mme DESPERRIERS.

Laissons là ces niaiseries, petite, et écoutez-moi sérieusement. Il s'agit de vous marier.

ADÈLE.

Me marier, grand'maman ! me marier, moi !

Mme DESPERRIERS.

De qui croyez-vous que je parle? de moi peut-être?

ADÈLE.

Mais, grand'maman, je n'ai jamais pensé à me marier.

Mme DESPERRIERS.

Vous avez bien fait. Les demoiselles ne doivent jamais penser d'elles-mêmes à ces choses-là.

ADÈLE.

Je vous dis tout simplement la vérité, grand'maman, et je vous assure que je ne désire nul changement à mon existence.

Mme DESPERRIERS.

Tant mieux ! Cela prouve que je vous rends heureuse.

ADÈLE.

Sans doute.

Mme DESPERRIERS.

Mais ce bonheur ne peut toujours durer, ne peut même durer longtemps.

ADÈLE.

Pourquoi?

Mme DESPERRIERS.

J'ai tout juste ce qu'il me faut pour vivre, et ce n'est pas sans peine, ce n'est pas sans privations, que je subviens à vos dépenses actuelles. Que serait-ce dans l'avenir? A moins de jeunesse, il faut plus de toilette.

ADÈLE.

J'ai du temps.

Mme DESPERRIERS,

Pas trop. Vous n'avez pour recommandation et pour dot que la fraîcheur de vos seize ans; et, si nous laissions passer le printemps, vous pourriez bien sécher sur branche. Il faut donc vous marier le plus tôt possible.

ADÈLE.

Avec qui?

Mme DESPERRIERS.

Est-ce que je sais? avec ce qui se trouvera de mieux.

ADÈLE.

Je ne connais personne

Mme DESPERRIERS.

Aussi me suis-je décidée à faire un dernier sacrifice pour vous fournir une occasion.

ADÈLE.

Comment?

Mme DESPERRIERS.

En vous amenant à Vichy donc.

ADÈLE.

Je vous suis reconnaissante, grand'maman, de tant de bonté. Mais je ne comprends pas à quoi pourront me servir les eaux de Vichy. Je n'ai point mal à l'estomac.

Mme DESPERRIERS.

Cette petite est vraiment d'une naïveté fabuleuse. Comment! vous ne comprenez pas que vous aurez ici, plus que partout ailleurs, la chance d'attraper un mari?

ADÈLE.

Je ne veux attraper personne.

Mme DESPERRIERS.

Vous m'entendez bien. Je veux dire que vous verrez ici en un mois plus de monde, plus de vrai monde, qu'à Moulins durant toute une année. Il n'y a que les gens riches qui aient le temps de promener leurs maladies et leur ennui. Parmi ceux qui viennent chercher à Vichy le plaisir ou la santé, il y a toujours bon nombre de célibataires, et sur la quantité, plus d'un à qui le célibat déplaît.

ADÈLE.

Mais, grand'maman, un célibataire c'est un vieux garçon.

Mme DESPERRIERS.

Il en est des maris comme des fruits : les meilleurs ce sont les plus mûrs.

ADÈLE.

Les fruits mûrissent ensemble sur la même branche et sous le même soleil.

Mme DESPERRIERS.

Qu'entendez-vous par cette parabole?

ADÈLE.

Que je voudrais épouser un homme jeune comme moi afin de vieillir comme lui.

Mme DESPERRIERS.

Trouvez un mari qui vous apporte la fortune en échange de vos seize ans, et vous n'aurez pas à vous plaindre de l'arrangement.

ADÈLE.

Ce n'est pas l'argent...

Mme DESPERRIERS.

Qui fait le bonheur, n'est-ce pas? Proverbe usé jusqu'à la corde, mademoiselle, proverbe râpé comme ceux qui le répètent. Si ce n'est pas l'argent qui fait le bonheur, qu'est-ce donc, je vous prie?

ADÈLE.

L'amour.

Mme DESPERRIERS.

L'amour! vous lisez donc des romans, mademoiselle?

ADÈLE.

On ne m'a jamais laissé lire.

Mme DESPERRIERS.

Qui vous a donc appris cela?

ADÈLE.

Mon cœur.

Mme DESPERRIERS.

Avez-vous perdu la tête?

ADÈLE.

Oh! grand'maman, je sais bien ce que je dis. Je voudrais, si je me marie, épouser un homme que j'aimerais afin d'aimer l'homme que j'aurais épousé.

Mme DESPERRIERS.

Vous épouserez qui nous pourrons. Et pour ne manquer aucune occasion, rappelez-vous sans cesse les instructions que je vous ai données pour votre entrée dans le monde. Faites valoir sans affectation, mais avec une attention soutenue, tout ce que vous pouvez avoir d'avantages acquis ou naturels, hors l'esprit, qui fait peur aux sots! Chantez sans vous faire prier, afin de montrer à la fois une jolie voix et un bon caractère. Dansez modestement, mais de façon pourtant à ce qu'on remarque votre tournure. Vous avez, à ce qu'on dit, le pied petit et bien fait : ne craignez pas de le montrer; mais gardez-vous d'en trop montrer! ce serait indécent. Et je parie, si vous suivez bien mes conseils, qu'il ne se passe pas trois mois sans que vous ayez des cachemires.

SCÈNE II.

NANON, *venant du pavillon*, Mme DESPERRIERS, ADÈLE.

NANON, *entrant.*

Madame! madame!

Mme DESPERRIERS.

Qu'est-ce que c'est?

NANON.

Devinez ce que je viens de trouver, et sans chercher cette fois.

Mme DESPERRIERS.

Quoi donc?

NANON.

Monsieur Chavarot, l'avoué de Moulins.

Mme DESPERRIERS.

Qu'est-ce que cela me fait?

ADÈLE.

Grand'maman, monsieur Chavarot, c'est un homme mûr; dois-je lui montrer mon pied?

Mme DESPERRIERS.

Ne vous occupez pas de ce cuistre; sa fortune fût-elle double et triple, eût-il cinquante mille livres de rente, je ne consentirai jamais à admettre dans ma famille un ladre de cette espèce.

NANON.

Le voici. (*Elle remonte le théâtre et se met à fureter dans tous les coins.*)

SCÈNE III.

CHAVAROT, *venant du pavillon*, Mme DESPERRIERS, ADÈLE, NANON, *dans le fond.*

CHAVAROT, *entrant.*

Vous ici, mesdames! O l'agréable surprise! je ne venais chercher à Vichy que la santé, et j'y rencontre le plaisir.

Mme DESPERRIERS.

Bonjour, bonjour, maître Chavarot.

CHAVAROT.

Les personnes d'esprit savent tout faire à propos, et vous arrivez juste à point pour embellir la fête de votre présence.

ADÈLE.

Quelle fête, monsieur?

CHAVAROT.

La commune et le calendrier rendent aujourd'hui leurs devoirs commémoratifs au patron de céans. Ce grand saint, protecteur attitré de Vichy-les-Bains, se verra célébrer avec tous les honneurs et tous les pétards qui lui sont dus. Nous aurons messe en musique, feu d'artifice, revue de la garde nationale et bal champêtre au beau milieu de la ville J'espère, mademoiselle... (*Il s'interrompt brusquement en voyant apparaître entre Adèle et lui la tête de Nanon, qui continue son manége, le buste penché, les yeux baissés vers la terre.*) Qu'est-ce que tu fais là, toi, courbée sur mes talons?

NANON, *sans lever les yeux.*

Ce que je fais souvent, monsieur, je cherche...

CHAVAROT.

Quoi?

NANON.

Ce n'est pas mon bon sens, monsieur : je ne l'ai pas perdu.

CHAVAROT.

Tâche de répondre sérieusement. Qu'est-ce que tu cherches?

NANON.

Ce qu'il plaira au bon Dieu de me faire trouver.

CHAVAROT.

Voilà une impertinente fille!

ADÈLE.

C'est ma sœur de lait, monsieur.

CHAVAROT.

Ah!

ADÈLE.

Si vous la connaissiez davantage, vous ne vous étonneriez ni de ce que vous lui voyez faire ni de ce que vous venez de lui entendre dire. Les enfants de nos environs l'ont surnommée Nanon-la-Chercheuse.

Mme DESPERRIERS *s'asseyant.*

Quelle manie!

ADÈLE.

Oh! bien innocente, grand'maman.

NANON.

Et pas tant bête, madame. M'est avis, d'abord, en mon petit particulier, que le meilleur moyen pour trouver c'est de chercher. Et puis, j'ai lu quelque part...

CHAVAROT.

Tu sais lire?

NANON.

Oui-dà, monsieur, et couramment. J'ai voulu apprendre pour lire les affiches et reconnaître les billets de mille francs.

Mme DESPERRIERS.

Des billets de mille francs! Vous vous imaginez peut-être qu'on en trouve comme cela, entre deux pavés?

NANON.

Que voulez-vous! nous autres, qui n'avons rien, si nous n'avions pas l'espérance, ça ne serait pas assez. J'espère donc toujours et je cherche.

Mme DESPERRIERS.

Et vous ne trouvez pas!

NANON.

S'il vous plaît, madame? (*Elle tire de sa poche un binocle qu'elle met sur son nez, et regarde Mme Desperriers avec une affectation narquoise.*)

Mme DESPERRIERS.

Dieu du ciel! mon binocle! (*Elle l'enlève brusquement et le met dans sa poche.*)

NANON, *faisant la révérence.*

Vous voyez, madame, que je trouve quelquefois pour votre compte; et pour le mien tout de même : je trouve bien par-ci, par-là quelque brimborion, un ruban, un chiffon, et je ramasse.

CHAVAROT.

Des chiffons!

NANON.

Hé! monsieur, ce qui est une misère pour le riche est souvent une richesse pour le pauvre. Les glaneuses trouvent leur vie sous le pied des moissonneurs.

ADÈLE.

Et à moi, Nanon, que me trouveras-tu?

NANON.

A vous, ma chère demoiselle, je vous chercherai et je vous trouverai, à moins que vous ne le trouviez vous-même, ce qui pourrait bien se faire, un petit mari bon, aimable et joli comme vous.

Mme DESPERRIERS, *se levant.*

En attendant, marchez.

NANON.

De quel côté, madame?

Mme DESPERRIERS.

Cherchez.

NANON.

Quoi? mon chemin? Pour le trouver, je n'ai qu'à vous suivre. (*Elle va se placer derrière Mme Desperriers.*)

CHAVAROT.

Je connais les êtres, madame; et, si vous le permettez, j'aurai l'honneur de vous guider.

Mme DESPERRIERS.

C'est inutile, maître Chavarot. Nous allons tout simplement donner notre adresse au bureau de poste, qu'on voit d'ici. Je vous salue. (*Elle sort à gauche, suivie d'Adèle et de Nanon.*)

SCENE IV.

CHAVAROT, *seul.*

Ah çà, est-ce que je m'en vais rester comme ça, tout seul? Moi qui comptais m'amuser aujourd'hui!

SCENE V.

DUMÈGE, *venant du pavillon,* CHAVAROT.

CHAVAROT.

Ah! salut au docteur Dumège! salut au directeur patenté de ces eaux curatives!

DUMÈGE.

Bonjour, maître Chavarot. Comment vous portez-vous?

CHAVAROT.

Toujours bien, sauf votre bon plaisir. (*Il rit.*)

DUMÈGE.

Quel heureux événement vous met donc, dès le matin, en si joyeuse et si gaillarde humeur?

CHAVAROT.

N'est-ce pas aujourd'hui fête pour vos administrés? Je fais comme tout le monde. Je me divertis; je prétends même me divertir plus que les autres, décidé que je suis à ne me refuser aucun plaisir.

DUMÈGE.

Peste!

CHAVAROT.

J'entends de ceux qu'autorisent les lois. Pour le qu'on dira-t-on, je commence à m'en moquer. Je suis assez riche désormais pour mépriser le public.

DUMÈGE.

Vous êtes fort heureux.

CHAVAROT.

Un des hommes les plus heureux du département, sans contredit. Et pourtant, vous l'avouerai-je? je ne suis pas satisfait.

DUMÈGE.

Quel grave souci peut donc empêcher un bonheur tel que le vôtre d'arriver à la satisfaction?

CHAVAROT.

Je suis veuf. Et le veuvage pèse en province. A Paris, je ne dis pas... mais à Moulins!

DUMÈGE.

S'il le faut absolument, remariez-vous.

CHAVAROT.

C'est pour cela même, à vrai dire, que je suis venu aux Eaux.

DUMÈGE.

Pour vous marier?

CHAVAROT.

Tout exprès.

DUMÈGE.

Pensez-vous donc que les Eaux de Vichy facilitent le mariage comme la digestion?

CHAVAROT.

Eh! parbleu! les Eaux ne sont-elles pas bonnes à tout? Vous le savez mieux que personne, ingrat docteur! C'est aux Eaux que vous envoyez tous les gens dont vous ne savez comment vous débarrasser. Aux Eaux la goutte, les rhumatismes, les sciatiques, les gastrites, les vapeurs, toutes les affections auxquelles vous ne pouvez rien, sans compter celles auxquelles vous ne connaissez pas grand'chose. Oisifs, las de leur désœuvrement; joueurs ruinés qui veulent corriger le hasard; ministres tombés et mal remis de leurs chutes; riches embarrassés de leur argent; aventuriers cherchant fortune; beaux fils cherchant aventure; garçons en chasse de dots; mères en quête de gendres; demoiselles à marier; veuves à remarier; femmes stériles et fatiguées de l'être; maris courant après la paternité; tous viennent à la fois implorer le pouvoir mystérieux des sources bienfaisantes : et jamais en vain. Vous faites des ordonnances; on ne les suit pas, mais on les paye, ce qui est l'important; on boit de l'eau, du vin aussi; on se promène, on danse, on joue; l'argent va, le plaisir vient, la morale va et vient; on se marie ou on ne se marie pas; l'amour gagne ce que la vertu perd; la stérilité devient féconde; la maladie jette ses béquilles pour courir la prétentaine; il en meurt quelques-uns, il en naît davantage; personne ne se plaint : et les survivants se retirent satisfaits, en se donnant rendez-vous pour la saison prochaine.

DUMÈGE.

Et c'est là, parmi cette foule vagabonde et bariolée, que vous iriez choisir, —non pas choisir, le hasard ne choisit pas, — mais arrêter au passage l'épouse qui doit partager votre existence et porter votre nom! Un tel mariage au milieu de ce pêle-mêle d'aventuriers ne serait, permettez-moi de vous le dire, qu'une aventure de plus; et, pour mon compte, j'aimerais mieux prendre une femme à la loterie.

CHAVAROT.

Bah ! j'ai la main heureuse, et je suis pressé.

DUMÈGE.

Terriblement, à ce qu'il paraît.

CHAVAROT, s'asseyant à droite de la table.

Plus que vous ne sauriez croire. Il y a de par le monde, loin d'ici fort heureusement, une jeune personne, elle le fut du moins, qui me poursuit d'un amour et d'une correspondance acharnés.

DUMÈGE, s'asseyant en face de lui.

En vérité ?

CHAVAROT.

Hélas ! oui. Elle m'écrit, une fois par semaine, au moins, que je suis un monstre, —comme si je ne le savais pas ! —que j'ai fait le malheur de sa vie, —et moi donc ? si elle croit que cela m'amuse ! — que j'ai abusé de son innocence, son innocence !... Enfin elle le dit, et peut-être, à force de le dire, a-t-elle fini par le croire.

DUMÈGE.

Et vous, qu'en dites-vous ?

CHAVAROT.

Rien. Je n'aime pas la médisance.

DUMÈGE.

En fin de compte, vous l'avez séduite ?

CHAVAROT.

Si l'on veut. C'était avant mon mariage ; pendant les vacances, aux Eaux d'Aix.

DUMÈGE.

Encore les Eaux !

CHAVAROT.

On ne me vit que là. Je pensais à m'établir...

DUMÈGE.

Oui, je me souviens ; vous cherchiez une femme pour acheter une étude.

CHAVAROT.

Précisément. Je rencontrai une demoiselle qui se donnait pour une héritière, —en fait de titres, on prend celui qu'on veut, —menant grand train du reste et fort grand bruit ; parlant, chantant, dansant ; courant le lac en bateau et la montagne à cheval. Elle était très-suivie. Elle pouvait me convenir ; je pris l'avance, et, que vous dirai-je ? je fis ce qu'on fait au théâtre quand il y a foule : je retins ma place.

DUMÈGE.

Pour la quitter ensuite ?

CHAVROT.

Il l'a bien fallu. Un homme d'affaires ne perd jamais de temps. Pendant la scène d'amour, j'avais envoyé aux renseignements, et je sus bientôt à quoi m'en tenir sur le compte de mon héroïne. Sa fortune était maigre comme elle, les héritages qu'on vantait si haut valaient cette vertu dont il n'y avait plus rien à dire, et je m'esquivai avant le dénouement. On me poursuivit, mais trop tard : j'étais inviolable, j'étais marié. Voilà mon histoire. *(Il se lève.)*

DUMÈGE, toujours assis.

Pourquoi me la raconter ? Est-ce que vous tenez à savoir ce que je pense de votre conduite ?

CHAVAROT.

Nullement. C'est une affaire réglée. Si j'ai eu des torts, je me les suis pardonnés. A tout péché miséricorde.

DUMÈGE.

Vous êtes indulgent.

CHAVAROT.

Pas trop. L'expiation a été plus sévère que le délit n'était grave : j'ai eu sans cesse à trembler, tant que ma femme a vécu.

DUMÈGE, se levant à son tour.

Vous êtes tranquille à présent.

CHAVAROT.

Du tout. Je n'ai fait que changer d'angoisses. Ma tigresse a appris mon veuvage par les journaux : car la presse ne respecte rien, pas même le deuil des familles. Et vous jugez le beau train qu'elle fait maintenant.

DUMÈGE.

Elle réclame la réparation qui lui est due.

CHAVAROT.

Je ne lui dois rien : je ne l'ai pas compromise. Ce qui ne l'empêche pas de jeter les hauts cris ; elle va jusqu'à me menacer de sa famille, et elle a des parents féroces : un oncle entre autres, vrai bouledogue en retraite, toujours prêt à rentrer en activité.

DUMÈGE.

Vous craignez quelque mauvaise affaire ?

CHAVAROT.

Je ne craindrais rien, si des lettres imprudentes ne m'interdisaient tout recours aux tribunaux.

DUMÈGE.

Il me semble que, de toute façon, vous feriez bien de l'épouser.

CHAVAROT.

Moi, l'épouser maintenant ? une fausse veuve !

DUMÈGE.

C'est votre faute.

CHAVAROT.

Une faute collective, et je laisse à d'autres le soin de la réparer.

DUMÈGE, le quittant brusquement et remontant à droite.

Adieu.

CHAVAROT.

Tiens ! vous vous en allez, docteur ?

DUMÈGE.

Oui.

CHAVAROT.

Vous n'aimez donc pas causer ?

DUMÈGE.

J'ai mieux à faire.

CHAVAROT.

Un malade à expédier sans doute ?

DUMÈGE.

Non, monsieur : mon fils à embrasser.

CHAVAROT.

Il arrive aujourd'hui ?

DUMÈGE.

A midi.

CHAVAROT.

Vous avez le temps, il n'est pas encore onze heures (*Dumège continue à s'éloigner*). Parlons un peu de votre fils, je vous prie. (*Dumège s'arrête*). On le dit fort joli garçon. (*Dumège revient sur ses pas*). Et cela ne m'étonne pas ; il a de qui tenir. .

DUMÈGE.

Il ressemble à sa mère sous tous les rapports. C'est un charmant enfant, un excellent sujet. Il ne m'a donné de sa vie l'ombre d'un chagrin, rien que du bonheur. Toutes les lettres que je reçois de Paris s'accordent sur son compte : c'est à qui me fera le plus grand éloge de son caractère et de ses talents.

CHAVAROT.

Quelle est sa partie ?

DUMÈGE.

Il est musicien.

CHAVAROT.

De quoi joue-t-il ?

DUMÈGE.

Il fait jouer de tout, il compose.

CHAVAROT.

Des romances, des chansonnettes ?

DUMÈGE.

Pas précisément : des études, des sonates, des morceaux de chant, en attendant les symphonies et les opéras.

CHAVAROT.

Cela se vend-il bien, ces choses-là ?

DUMÈGE.

Les artistes pensent plus à la gloire qu'au profit. Mon fils travaille surtout à nous faire un nom.

CHAVAROT.

Heureux père ! je vous envie.

DUMÈGE.

Il ne tient qu'à vous de préparer à votre vieillesse un bonheur pareil.

CHAVAROT.

Hélas ! il faut au moins être marié pour avoir des enfants légitimes.

DUMÈGE.

Eh bien ?

CHAVAROT.

Et pour se marier comme pour se battre il faut être deux.

DUMÈGE.

Il n'est pas si malaisé de trouver un adversaire.

CHAVAROT.

Je n'en trouve pourtant pas, à ma convenance, s'entend.

DUMÈGE.

C'est que vous êtes trop difficile.

CHAVAROT.

En aucune façon. D'abord, je ne veux plus entendre parler de mariages d'argent. Ma défaite m'en a guéri pour toujours.

DUMÈGE.

Ces sortes de mariage, ont pourtant du bon, ce me semble : la femme s'en va parfois et l'argent reste.

CHAVAROT.

Vous en parlez à votre aise, vous qui avez fait un mariage d'inclination.

DUMÈGE.

Faites-en autant : prenez femme à votre goût.

CHAVAROT.

J'ai bien pensé, j'ai souvent pensé à une jeune personne de notre ville, qui se trouve justement ici, mademoiselle Adèle Desporriers.

DUMÈGE.

Eh bien ?

CHAVAROT.

Comment la trouvez-vous ?

DUMÈGE.

Charmante !

CHAVAROT.

N'est-ce pas ? Blanche, fraîche, délicate, mignonne, et seize ans !... un vrai bouton de rose !

DUMÈGE.

A quand la noce ?

CHAVAROT.

Comme vous y allez ! on voit bien que cela ne vous regarde pas.

DUMÈGE.

Peut-on se méprendre à un pareil enthousiasme? vous êtes amoureux fou.

CHAVAROT.

Amoureux, oui, fou, non : pas si bête ! et je serais à la fois bête et fou, si j'allais, moi, Chavarot, homme raisonnable, je m'en vante, me jeter ainsi, les yeux ouverts et de gaîté de cœur, dans une entreprise si étrange et si démesurée.

DUMÈGE.

Je comprends : vous la trouvez trop jeune.

CHAVAROT.

Allons donc ! est-ce qu'une femme est jamais trop jeune?

DUMÈGE.

Non, mais un homme l'est quelquefois trop peu.

CHAVAROT.

Ce n'est pas pour moi que vous dites cela : je n'ai que trente-cinq ans.

DUMÈGE.

Sauf votre respect, maître Chavarot, vous en avez bel et bien quarante.

CHAVAROT.

Pour vous, parce qu'on n'a pas de secret pour son médecin. Mais, pour tout le monde, je n'ai que ce que je porte, trente-cinq ans, tout au plus.

DUMÈGE.

Si ce n'est pas la différence d'âge, qu'est-ce donc alors qui vous arrête? Je m'y perds.

CHAVAROT.

Vous me le demandez, vous, un homme sensé ! Mais vous savez bien qu'elle n'a pas le sou.

DUMÈGE.

Ah !

CHAVAROT.

Malheureusement. Sa grand'mère, fort avare et peu riche cependant, ne lui donne rien et ne lui laissera pas grand'chose. Je connais bien ses affaires : j'ai plaidé contre elle.

DUMÈGE.

Pardon. Vous m'avez tout à l'heure dit, si j'en crois mes oreilles, que vous ne vouliez pas faire un mariage d'argent.

CHAVAROT.

Distinguons : je vous ai dit que je ne voulais plus me marier uniquement pour de l'argent; mais je ne vous ai pas dit que je voulais me marier sans argent.

DUMÈGE.

A la bonne heure ! Il ne s'agit que de s'entendre.

CHAVAROT.

Mais, comme j'ai cette fois la liberté du choix, je veux bien choisir et prendre une femme, non-seulement riche, mais encore jeune, jolie, bien faite, bien élevée, une femme en un mot qui me convienne sous tous les rapports.

DUMÈGE.

Je vous la souhaite.

CHAVAROT.

Faites mieux : trouvez-la-moi.

DUMÈGE.

Ces opérations-là ne sont pas de ma compétence.

CHAVAROT.

Si fait : votre clientèle vous fournit cent occasions pour une de placer vos amis. De la main d'un médecin, tout se prend les yeux fermés, un mari aussi bien qu'une potion.

DUMÈGE.

C'est assez de tuer les gens sans les marier. Bonne chance et bonjour. (*Il sort à droite.*)

SCÈNE VI.

CHAVAROT, *puis* NANON.

CHAVAROT, *seul*.

Quel original que ce docteur ! J'ai bien envie de le suivre, pour le mortifier.

NANON, *accourant par la gauche*.

Monsieur, monsieur ! Une lettre !

CHAVAROT.

Pour qui ?

NANON.

L'adresse dit que c'est pour vous.

CHAVAROT.

Qui te l'a remise ?

NANON.

Personne.

CHAVAROT.

Où l'as tu prise ?

NANON.

Où je l'ai trouvée.

CHAVAROT.

Tu l'as trouvée?

NANON.

Pardine !

CHAVAROT.

Où ?

NANON.

Bureau restant, par terre, entre la poste qui ne bougeait pas et le facteur qui s'en allait grand train.

CHAVAROT.

Canaille de facteur! Je le ferai destituer.

NANON.

Comme elle vient de loin cette pauvre lettre, j'ai pensé qu'elle serait bien aise d'arriver, et je vous l'apporte à toutes jambes.

CHAVAROT.

Merci. Donne.

NANON.

Et vous, monsieur, qu'est-ce que vous me donnerez?

CHAVAROT.

Pourquoi te donnerais-je quelque chose ?

NANON.

Parce qu'il s'agit d'une trouvaille importante.

CHAVAROT.

Qui te le fait croire ?

NANON.

Le timbre, où je vois écrit en grosses lettres : Pays d'outre-mer.

CHAVAROT.

Eh bien?

NANON.

Eh bien ! je ne suppose pas qu'on vous écrive de l'autre bout du monde uniquement pour vous demander de vos nouvelles. Ça n'est donc pas une petite affaire que je vous apporte, et je demande une part dans les bénéfices.

CHAVAROT.

Si la nouvelle est bonne?

NANON.

Bien entendu.

CHAVAROT.

Et si elle est mauvaise?

NANON.

Je vous la laisse pour compte. (*Elle sort en courant par la gauche.*)

CHAVAROT.

Ah !

SCÈNE VII.

CHAVAROT, *seul.*

Voyons cette lettre d'outre-mer. — (*Il regarde l'adresse.*) Ile Bourbon ! Je ne connais pourtant pas de nègres. De qui diable ce peut-il être ? (*Il ouvre la lettre et regarde la signature.*) Grélon. Grélon? Ah ! je me rappelle: un ami de jeunesse, mon compagnon de l'Ecole de Droit et de la Chaumière. Qu'est-ce qu'il me veut encore celui-là ? Règle générale, les anciens camarades ne vous écrivent jamais que pour vous demander un service. Trois francs pour ça ! c'est agréable ! (*Il lit.*) « Mon cher ancien camarade. (*son front se rembrunit*) espérant te procurer une bonne affaire, (*son front s'éclaircit*) à charge de revanche, (*il sourit*) je m'empresse de t'annoncer qu'un certain monsieur Desperriers, natif de Digoin, département de l'Allier, France, vient de décéder, sans enfants, en cette ville de Saint-Denis, où il s'était établi depuis longues années, et qu'avant son décès, par testament rédigé en bonne et due forme, tu peux m'en croire, je l'ai minuté moi-même, il a institué sa légataire universelle une certaine demoiselle Adèle Desperriers, sa parente éloignée. Il laisse une fortune évaluée de cinq à six cent mille francs. Rien de plus à te dire. » (*Il cesse de lire.*) Cinq à six cent mille francs! (*il met la lettre dans sa poche.*) O mon cœur ! contiens-toi. Une bonne affaire en effet; cher Grélon ! digne ami! Une affaire excellente, mon affaire en un mot ! Six cent mille francs ! c'est la femme que j'avais rêvée: je l'épouse ! En avant donc ! Enlevons au galop la fortune qui nous tend ces bras charmants. Avant que le gouverneur de l'île ait écrit au ministre de la marine, le ministre de la marine au ministre de la justice, le ministre de la justice au ministre de l'intérieur, le ministre de l'intérieur au préfet, le préfet au sous-préfet, le sous-préfet au maire, le maire à l'adjoint, l'adjoint au garde champêtre, qui devra renvoyer ses informations à qui de droit, par la filière ordinaire des bureaux, en remontant et redescendant tous les degrés de l'échelle hiérarchique, moi, j'aurai déjà fait baptiser mon second enfant, grâce aux sages lenteurs de l'administration et surtout à la rapidité de mon génie. Et puis, quand éclatera la grande nouvelle, il y aura des gens qui viendront vous dire : Ce Chavarot est un homme heureux ! — On est heureux, messieurs, quand on est habile.

SCÈNE VIII.

NANON, CHAVAROT

NANON.

Eh bien ? monsieur, quelle nouvelle?

CHAVAROT.

Une nouvelle bien triste ; la mort d'un parent.

NANON.

Qu'est-ce qu'il vous laisse ?

CHAVAROT.

Sa bénédiction.

NANON.

Voilà tout?

CHAVAROT.

Hélas !

NANON.

C'est donc pour ça que la lettre était si légère?

CHAVAROT.

Et elle me coûtera trois francs.

NANON.

Ma foi, monsieur, nous n'aurons pas fait nos frais. (*A part.*) Elle m'avait pourtant dit quelque chose, cette lettre d'outre-mer.

CHAVAROT, *à part.*

Je ne pouvais rien lui donner sans me compromettre. Moi, gardant mon argent, elle gardera le silence. Double profit.

SCÈNE IX.

NANON, ADÈLE, Mme DESPERRIERS, CHAVAROT.

CHAVAROT, *allant au-devant de Mme Desperriers, qui entre avec Adèle par la gauche.*

Madame !... madame, voulez-vous avoir la bonté de m'accorder un moment d'entretien ?

Mme DESPERRIERS, *s'arrêtant sur place.*

Je vous l'accorde, parlez.

CHAVAROT.

C'est qu'il s'agit d'une affaire confidentielle.

NANON, *à part.*

Qu'est-ce que cela veut dire?

Mme DESPERRIERS.

Pendant que maître Chavarot va m'honorer de ses confidences, vous, Nanon, faites faire à mademoiselle un tour de promenade.

ADÈLE, *prenant vivement le bras de Nanon.*

Viens !

NANON.

Allons voir les boutiques. (*Adèle et Nanon sortent ensemble d'un pas leste et joyeux, par la droite.*)

SCÈNE X.

Mme DESPERRIERS, CHAVAROT.

Mme DESPERRIERS.

Maître Chavarot, vous avez la parole. J'écoute comme un juge, et mieux ! sans dormir.

CHAVAROT.

Madame, j'ai près de Moulins, avoisinant votre terre Desperriers, une propriété de quatre-vingt-dix-sept hectares, cinquante ares et quelques centiares, d'un seul tenant et d'un excellent rapport, avec cheptel et bâtiments. J'ai, un peu plus haut, à mi-côte, soixante-six hectares juste de beau et bon bois: je vends le taillis pour le chauffage, et les baliveaux pour la construction. J'ai, dans le bas, au bord de la rivière, un pré de quelque trente hectares, que je coupe deux fois l'an ; et le regain vaut presque moitié du foin. Voilà ce que j'ai en terres.

Mme DESPERRIERS.

Nous le savons : c'est ce qu'avait feu madame Chavarot. Toute laide qu'elle était, elle vous a laissé un bel héritage.

CHAVAROT.

Pauvre femme!

Mme DESPERRIERS.

Pas si pauvre, puisqu'elle vous a fait riche.

CHAVAROT.

En outre de mes terres, j'ai mon étude qui me donne, bon an mal an, une dizaine de mille francs.

Mme DESPERRIERS.

Dix mille francs!

CHAVAROT.

J'ai les communes, madame, presque tout Moulins-Campagne ; et vous savez que le paysan ça plaide beaucoup.

Mme DESPERRIERS.

Oui, ce sont eux qui plaident, et c'est vous qui gagnez.

CHAVAROT.

Que voulez-vous, madame? quand on a des charges !...

Mme DESPERRIERS.

Charges pour le client, bon baudet pour qui les porte : pour vous, ce sont des gabelles.

CHAVAROT.

J'ai encore de belles espérances, et très-prochaines ; notamment un ancien huissier royal, mon grand-oncle maternel, assez riche et fort vieux, qui ne saurait aller loin.

Mme DESPERRIERS.

Ah ! vous appelez cela des espérances, maître Chavarot !

CHAVAROT.

Dame ! madame, j'appelle cela comme tout le monde l'appelle. Ce n'est pas ma faute s'il y a des gens qui espèrent la mort de leurs parents.

Mme DESPERRIERS.

Fort bien. Mais que me font à moi vos foins, vos paysans, vos espérances et vos baliveaux?

CHAVAROT.

Madame, j'ai l'honneur de vous demander la main de mademoiselle Adèle Desperriers, votre petite-fille.

Mme DESPERRIERS.

Plaît-il?

CHAVAROT.

Pardonnez-moi, madame, la brusquerie d'une pareille déclaration.

Mme DESPERRIERS.

En effet, j'en suis toute saisie.

CHAVAROT.

J'aurais dû me rendre chez vous en grande visite, habit noir et cravate blanche...

Mme DESPERRIERS.

Laissons les cérémonies, monsieur Chavarot, pour nous occuper uniquement du côté sérieux et intéressant de la question.

CHAVAROT.

Pour ce qui est des intérêts, je n'ai qu'un mot à dire. Je compte, si vous daignez agréer ma demande, me marier tout simplement sous le régime de la communauté. Et, en cas de décès de l'un des conjoints, tout resterait au dernier survivant.

Mme DESPERRIERS

Vous savez, monsieur Chavarot, que ma petite-fille n'aura pour dot que son trousseau?

CHAVAROT.

Je m'en doutais, madame.

Mme DESPERRIERS.

Quant aux espérances, comme vous dites, Adèle a bien un oncle établi dans les Indes...

CHAVAROT.

Hum!

Mme DESPERRIERS.

Quoi?

CHAVAROT.

Rien.

Mme DESPERRIERS.

Mais, comme il ne nous a jamais donné de ses nouvelles, ce n'est guère la peine d'en parler.

CHAVAROT.

N'en parlons plus.

Mme DESPERRIERS.

Il ne reste donc à ma petite-fille pour avenir que ma propre succession, laquelle malheureusement ne sera pas des plus considérables, vous le savez?

CHAVAROT.

Eh! qu'importe, madame, que mademoiselle Adèle ait plus ou moins d'argent, maintenant ou plus tard? Ce n'est pas la fortune que je lui demande, c'est le bonheur. Je suis un homme désintéressé, madame.

Mme DESPERRIERS.

Dites chevaleresque, mon cher monsieur Chavarot.

CHAVAROT.

Eh bien! madame, puis-je espérer l'honneur de votre alliance?

Mme DESPERRIERS.

Je crois, pour mon compte, que vous rendriez ma petite-fille très-heureuse.

CHAVAROT.

S'il vous restait le moindre doute, madame, vous n'auriez qu'à prendre des renseignements chez mon notaire.

Mme DESPERRIERS.

Je m'en rapporte à vous, Chavarot, et à la notoriété publique. Entre honnêtes gens, il faut de la confiance.

CHAVAROT.

Ainsi, vous consentez?

Mme DESPERRIERS.

Attendez donc, jeune homme, attendez un peu. Il faut que j'en cause avec ma petite-fille.

CHAVAROT.

Si vous aviez la bonté de la consulter tout de suite?

Mme DESPERRIERS.

Comme cela, sur-le-champ, ici même!

CHAVAROT.

Excusez mon insistance, madame. Vous devez comprendre, vous! les impatiences du cœur.

Mme DESPERRIERS.

Je le crois bien! (Elle appelle à gauche.) Adèle!

CHAVAROT.

Vous allez la consulter?

Mme DESPERRIERS.

Il faut bien céder à vos instances.

CHAVAROT.

Vous êtes bonne! (Il lui baise la main.)

Mme DESPERRIERS.

Cher Chavarot! (A part.) Caressons l'animal pour le mettre en cage..

CHAVAROT, à part.

Pour arriver au trésor, il faut endormir le dragon.

Mme DESPERRIERS, appelant à droite.

Adèle!

SCÈNE XI.

Mme DESPERRIERS, ADÈLE, CHAVAROT, NANON.

NANON, venant de la droite avec Adèle.

Nous voilà, madame.

Mme DESPERRIERS.

Je ne vous ai pas appelée, vous.

NANON.

Ça ne fait rien, madame : je viens tout de même.

Mme DESPERRIERS.

Je n'ai que faire de vous. J'ai besoin de parler seule à ma petite fille. (Adèle fait un geste d'étonnement.)

ADÈLE.

A moi!

CHAVAROT.

Oui, mademoiselle. Et daignez vous rappeler que de cet entretien dépend le bonheur de ma vie. (Il pousse un gros soupir, porte la main à son cœur et lève les yeux au ciel.)

NANON.

Votre bonheur! Qu'est-ce que ça lui fait à mademoiselle, monsieur?

CHAVAROT.

Viens avec moi, Nanette; je vais t'acheter quelque chose à la foire. Je veux gagner les bonnes grâces.

NANON.

Achetez d'abord, monsieur : nous verrons après. (Elle sort avec Chavarot, à droite.)

SCÈNE XII.

ADÈLE, Mme DESPERRIERS.

Petite, j'ai à vous annoncer une excellente nouvelle. Je vous marie.

ADÈLE.

Déjà!

Mme DESPERRIERS.

Oui, c'est un bonheur inespéré.

ADÈLE.

En effet!

Mme DESPERRIERS.

Vous ne me demandez pas le nom de votre futur?

ADÈLE.

N'aimant personne, je ne désire rien savoir.

Mme DESPERRIERS.

Mais vous allez sauter de joie, quand je vous aurai dit son nom. (Une pause.) Monsieur Chavarot.

ADÈLE.

Monsieur Chavarot?

Mme DESPERRIERS.

Lui-même, l'avoué!

ADÈLE.

Eh bien?

Mme DESPERRIERS.

Eh bien! il m'a demandé votre main.

ADÈLE.

Pour qui?

Mme DESPERRIERS.

Pour qui? Pour lui donc, pour lui, Dieu merci!

ADÈLE.

Mais alors vous refuserez, n'est-ce pas, grand'maman?

Mme DESPERRIERS.

Refuser monsieur Chavarot, le plus beau parti de Moulins!

ADÈLE.

Mais, grand'maman, vous le traitiez tout à l'heure de cuistre et de ladre.

Mme DESPERRIERS.

Moi?

ADÈLE.

Oui, et vous ajoutiez que, eût-il le double de fortune, eût-il cinquante mille livres de rente, vous ne lui accorderiez jamais ma main.

Mme DESPERRIERS.

Pouvais-je me douter qu'il la demanderait?

ADÈLE.

Vous n'en avez pas moins dit...

Mme DESPERRIERS.

Qu'importe ce que j'ai dit? Et où en serait-on s'il fallait toujours conformer sa conduite à ses paroles!

ADÈLE.

Mais, grand'maman, je n'aime pas monsieur Chavarot.

Mme DESPERRIERS.

Vous l'aimerez plus tard.

ADÈLE.

Jamais.

Mme DESPERRIERS.

Et quand même! on ne se marie pas pour s'aimer.

ADÈLE.

Pourquoi faire alors?

Mme DESPERRIERS.

Pourquoi faire? pour vivre ensemble donc.

ADÈLE.

Je ne me soucie pas du tout de vivre avec monsieur Chavarot.

Mme DESPERRIERS.

Je vous demande à mon tour : pourquoi?

ADÈLE.

Parce que je ne l'aime pas.

Mme DESPERRIERS.

Vous répétez toujours la même chose.

ADÈLE.

Grand'maman, laissez-moi au moins, je vous en conjure, le temps de réfléchir.

Mme DESPERRIERS.

C'est inutile : j'ai réfléchi pour vous.

ADÈLE.

Huit jours seulement.

Mme DESPERRIERS.

Pas huit minutes. En hésitant, nous le laisserions réfléchir aussi, lui, et adieu les noces! Adieu mon repos et votre bonheur!

ADÈLE.

Mais, grand'maman, vous ne pouvez pas vouloir me rendre heureuse malgré moi.

Mme DESPERRIERS.

Monsieur Chavarot a notre consentement.

ADÈLE.

Le vôtre, grand'maman!

Mme DESPERRIERS.

Le vôtre aussi, mademoiselle : je le lui ai donné.

ADÈLE.

Le mien!

Mme DESPERRIERS.

Est-ce que les enfants n'appartiennent plus à leurs parents? J'entends qu'on m'obéisse, et sans réplique. Vous épouserez monsieur Chavarot, ou vous rentrerez au couvent.

ADÈLE.

Au couvent!

Mme DESPERRIERS.

Pour le reste de vos jours.

ADÈLE.

Soit. J'aime mieux le couvent que monsieur Chavarot.

Mme DESPERRIERS, *tirant son mouchoir.*

Ah!... Et vous quitterez ainsi sans regret et pour toujours votre grand'mère, votre vieille grand'mère dont vous êtes la seule parente, et qui n'aura personne pour lui fermer les yeux!

ADÈLE.

Bonne maman!...

Mme DESPERRIERS, *s'essuyant les yeux.*

Ingrate!

ADÈLE.

J'obéirai.

Mme DESPERRIERS, *remettant son mouchoir dans sa poche.*

A la bonne heure! je vous pardonne, et le jour de vos noces, je vous donnerai ma bénédiction. (*Elle hume une grande prise de tabac.*) Voici votre futur. Je vous prie de ne le contrarier en rien, avant le mariage. Après, cela vous regarde.

SCÈNE XIII.

ADÈLE, Mme DESPERRIERS, CHAVAROT.

CHAVAROT.

Eh bien, madame?

Mme DESPERRIERS.

J'ai consulté ma petite-fille.

CHAVAROT.

Et qu'a-t-elle répondu?

Mme DESPERRIERS.

C'est une affaire conclue, mon gendre. (*Elle le fait passer près d'Adèle.*)

CHAVAROT.

O ciel! dois-je en croire mes oreilles?

ADÈLE.

Oui, monsieur.

CHAVAROT.

Quoi! mademoiselle, vous consentez à m'épouser?

ADÈLE.

Oui, monsieur.

CHAVAROT.

Je suis le plus heureux des hommes.

ADÈLE.

Oui, monsieur.

CHAVAROT.

Vous êtes charmante.

ADÈLE.

Oui, monsieur.

CHAVAROT.

Ah!

Mme DESPERRIERS.

L'émotion la trouble. Un tour de promenade va dissiper son étonnement, et je vous la ramènerai plus éveillée et plus gaie que jamais... Venez, mon enfant. — Adieu, cher ami. (*Elle sort avec Adèle par la gauche.*)

SCÈNE XIV.

CHAVAROT, NANON.

CHAVAROT, *seul.*

Et voilà comme on bâcle un mariag

NANON, *venan   la droite*

Voyez, monsieur, comme m voilà brave avec foulard que vous m'avez acheté! Il y a plaisir à donner... pas vrai, monsieur? quand les gens se font honneur des cadeaux.

CHAVAROT.

Des cadeaux! tu en auras bien d'autres, va, ma chère Nanon. Tiens! voilà pour toi. (*Il lui donne une pièce d'argent.*)

NANON, *regardant la pièce.*

Vingt sous! vous me donnez encore vingt sous tout de suite, comme ça, sans motif, par pure générosité!... Qu'est-ce qui se passe donc?

CHAVAROT.

Je veux que tu prennes part à mon bonheur.

NANON.

J'y prends une part de vingt sous, monsieur. (*Elle met l'argent dans sa poche.*) Maintenant, dites-moi de quoi il s'agit.

CHAVAROT.

J'épouse ta maîtresse.

NANON.

Madame Desperriers?

CHAVAROT.

Mauvaise, tu m'entends bien. C'est de sa petite-fille que je parle.

NANON.

De mademoiselle Adèle?

CHAVAROT.

Certainement.

NANON.

Vous prétendez épouser mademoiselle Adèle, vous?

CHAVAROT.

Moi-même.

NANON.

Non, monsieur : ça ne se peut pas.

CHAVAROT.

J'ai le consentement de la grand'mère.

NANON.

Ça ne m'étonne pas de madame : c'est un brise-raison.

CHAVAROT.

J'ai celui de mademoiselle Adèle.

NANON.

Bah! vous n'avez pas le mien.

CHAVAROT.

Voilà une bonne plaisanterie!

NANON.

Mademoiselle Adèle ! Ce bel ange du bon Dieu, tout ce que j'aime sur la terre, ma sœur de lait et de cœur ! elle, vous épouser ! l'auvre chère enfant ! j'aimerais mieux lui voir une bosse dans le dos !

CHAVAROT.

Ce ne sont pas là des raisons.

NANON.

Vous voulez que je vous les raconte, mes raisons?

CHAVAROT.

Oui, voyons, qu'as-tu à dire contre moi ?

NANON.

Que vous n'êtes ni assez bon ni assez beau pour elle, et que vous êtes trop vieux.

CHAVAROT.

Trop vieux !

NANON.

Vous avez plus de cinquante ans.

CHAVAROT.

C'est une infamie, un mensonge, une atroce calomnie ! Cinquante ans ! Et c'est toi qui oses me diffamer de la sorte, toi que j'ai comblée de mes bienfaits !

NANON, *déposant aux pieds de Chavarot le foulard et la pièce de vingt sous.*

On n'achète pas mon amitié pour six francs. (*Elle se frotte joyeusement les mains.*) A présent me voilà débarrassée ; je pourrai vous faire la guerre tout à mon aise.

CHAVAROT.

Toi, me faire la guerre ! Et comment ?

NANON.

Je chercherai.

CHAVAROT.

Cherche, pauvre folle.

NANON.

Il ne faut mépriser personne, monsieur. Il y a de petites souris qui font de grands trous. Au revoir, monsieur. (*Elle s'éloigne par la gauche.*)

CHAVAROT.

Nanon ! Écoute donc, mauvaise tête. Est-ce qu'il n'y a pas moyen de faire sa paix avec toi ?

NANON, *s'arrêtant et descendant à gauche.*

Vous obstinez-vous toujours à épouser mademoiselle Adèle?

CHAVAROT.

Ah ! oui.

NANON.

Ah ! non, alors. (*Elle s'éloigne.*)

CHAVAROT.

Nanon ! (*Elle s'arrête.*) Sérieusement, tu vas laisser là, par terre, au milieu du chemin, à la merci du premier venu, tout ce que je t'ai donné.

NANON.

C'est pour les pauvres. (*Elle sort par la gauche.*)

SCÈNE XV.

CHAVAROT, *seul.*

Les pauvres ! Si ce sont eux qui doivent avoir tout cela, il faut au moins qu'ils sachent que c'est moi qui le leur donne. (*Il ramasse les deux objets, met l'argent dans sa poche de gilet et regarde attentivement le foulard.*) Il est pourtant superbe ce foulard, et tout neuf ! (*Il se mouche dedans et le met dans sa poche d'habit.*) C'eût été dommage ! (*Il sort.*)

ACTE II.

Même décor.

SCÈNE PREMIÈRE.

BEAUDRILLE, ATHÉNAÏS.

BEAUDRILLE.

Eh bien ! ma nièce, vous voilà contente, j'espère ! nous sommes à Vichy.

ATHÉNAÏS.

Ne dirait-on pas, mon oncle, que Vichy c'est le Paradis?

BEAUDRILLE.

A vous en croire, c'est au moins l'Eldorado.

ATHÉNAÏS.

Bon ! vous allez recommencer.

BEAUDRILLE.

J'en veux finir, au contraire.

ATHÉNAÏS.

Soit, n'en parlons plus.

BEAUDRILLE.

Au contraire, parlons-en, parlons-en beaucoup et parlons-en bien, pour nous entendre une bonne fois.

ATHÉNAÏS.

Racontez-moi plutôt l'histoire du capitaine Voisin, mon oncle : j'aime mieux l'histoire du capitaine Voisin.

BEAUDRILLE.

C'était un brave ! laissons en paix sa cendre, et revenons, s'il vous plaît, aux Eaux, puisque nous y sommes.

ATHÉNAÏS.

Moi, je suis au supplice.

BEAUDRILLE.

Et moi, croyez-vous que je sois, depuis sept ou huit ans, sur un lit de roses ? On a beau dire : les uns ont la chance et les autres le guignon...

ATHÉNAÏS.

Hélas !

BEAUDRILLE.

Surtout moi. Je n'avais jamais voulu me marier, pour ne point m'empêtrer d'une famille. J'ai toujours été garçon dans l'âme, aimant la vie insouciante et libre. Je suis né philosophe, et ma seule ambition c'était d'avoir douze mille livres de rente, ni plus ni moins, à dépenser, tout seul et à ma guise, dans la capitale de la civilisation. Pour réaliser mon rêve, j'ai navigué vingt ans sous toutes les latitudes, subi trois incendies en pleine mer, sept naufrages, plus de cent tempêtes, et fait quatre fois le tour du monde. Lorsqu'enfin j'eus pêché assez de baleines, transporté assez de coton et vendu assez de nègres pour tripler mon petit capital, je quittai le métier et plaçai mon argent en lieu sûr, à fonds perdus.

ATHÉNAÏS.

Perdus, en effet, pour moi !

BEAUDRILLE.

Ne vous ayant pas donné la vie, je ne vous devais pas mon héritage. Je croyais même, dans ma simplicité, ne rien vous devoir du tout. Mais j'avais compté sans les préjugés tyranniques de la société. A peine commençais-je à savourer les joies du rentier célibataire, crac ! voilà mon frère qui meurt.

ATHÉNAÏS.

Ah !

BEAUDRILLE.

Ce n'est pas sa faute ; mais il aurait bien pu se dispenser, je crois, de me nommer votre tuteur.

ATHÉNAÏS.

N'étiez-vous pas mon plus proche parent ?

BEAUDRILLE.

Ce n'est pas une raison pour faire élever une jeune personne par un officier de corsaire.

ATHÉNAÏS.

Mon éducation ne vous a pas donné grand embarras. Il ne s'agissait que de payer quinze cents francs de pension, et j'avais mille écus de rente.

BEAUDRILLE.

Il faut être juste : ça marchait à merveille alors ; jolie brise, les mains dans les poches, dix nœuds à l'heure ! Mais mon bonheur n'a pas duré longtemps. Au bout d'un an, juste à la fin de votre deuil, vous êtes sortie de votre pensionnat pour rentrer dans mes foyers. Le halage a commencé ce jour-là et n'a plus cessé : j'avais endossé le collier de misère, pour le quitter Dieu sait quand ! Il a fallu réformer mon train, changer mes habitudes, respecter les convenances et me faire de bonnes manières. Il a fallu vous mener dans le monde, où l'on est bégueule ou diablo et pas amusant du tout. Il a fallu vous suivre partout au plus près, comme une remorque ; rester là, en panne, quand vous dansiez, et m'extasier à vos variations de piano, comme si j'y entendais quelque chose, moi qui comprends tout au plus l'orgue de Barbarie ! Et jamais de repos. Après la campagne d'hiver, la campagne d'été. Paris ne suffisant pas à vos recherches matrimoniales, je ne voyais, je me vois tous les ans contraint de m'exiler, d'abandonner le boulevard, ma vraie patrie ! Vous m'affirmiez qu'à telles ou telles Eaux se trouvait un dépôt de maris en disponibilité ; et je vous croyais sur parole, ne connaissant personnellement rien à ce genre de topographie. Je vous ai menée aux Bains de Plombières, aux Bains de Barèges, aux Bains d'Aix,

Carlsbaden, à Wiesbaden, à Badenbaden, à tous les Bains de France et à tous les Baden d'Allemagne. Et j'y ai gagné quoi? de perdre mon argent au jeu, et de m'abîmer l'estomac, que j'avais fort bon, par l'usage contradictoire de toutes ces eaux minérales, que puisse avoir dans le ventre celui qui les a inventées!

ATHÉNAÏS.

Qui vous priait de jouer? et pourquoi prendre les eaux si vous n'en aviez pas besoin?

BEAUDRILLE.

Qu'aurais-je fait sans cela? Il faut bien tuer le temps... (*Appelant.*) Garçon! (*Reprenant sa phrase interrompue.*) dût-on se tuer soi-même. (*Au garçon qui entre.*) Une absinthe! (*Le garçon sort.*) D'ailleurs, je suis un homme d'ordre, et je tiens, quoi que je fasse, à le faire consciencieusement. Je ne me mets jamais en dépense sans en prendre pour mon argent. (*Le garçon sert un verre d'absinthe que prend Beaudrille.*) Quand j'ai par hasard dîné à prix fixe, j'ai toujours mangé tout ce que j'avais le droit de consommer, sans m'inquiéter du reste; et vous savez qu'aux Italiens même, une fois ma place payée, je reste jusqu'à la fin.

ATHÉNAÏS.

C'est donc par votre mérite que vous avez souffert, et non par ma faute.

BEAUDRILLE, *allumant un cigare.*

Et toutes les affaires que vous m'avez mises sur les bras!

ATÉNAÏS.

Quelles affaires?

BEAUDRILLE.

Ces duels avec vos prétendants, c'est-à-dire vos prétendus prétendants; car, au fait et au prendre, ils prétendaient uniquement ne pas vous épouser; et voilà pourquoi j'ai manqué me battre vingt fois.

ATHÉNAÏS.

Manqué!

BEAUDRILLE.

Parce qu'ils n'ont pas osé!

ATHÉNAÏS.

En somme, de prétendus duels avec de prétendus prétendants, et personne de mort.

BEAUDRILLE.

Ni de marié, ce qui me fâche. J'en aurais volontiers tué plusieurs pour que vous en épousassiez un. Mais autant voudrait courir avec un bâton après des canards sauvages. Vous m'aviez promis d'épouser un prince russe, un lord d'Angleterre, ou tout au moins un pair de France : vous n'avez pas même épousé un baron allemand.

ATHÉNAÏS.

De mieux en mieux. Voilà maintenant que, après m'avoir reproché vos mésaventures, vous me reprochez mes malheurs.

BEAUDRILLE.

Vos folies.

ATHÉNAÏS.

Est-ce ma faute si je ne me marie pas?

BEAUDRILLE.

Certainement. Si vous aviez voulu vous contenter du possible, vous seriez depuis longtemps mariée, mariée une bonne fois et pour toujours. J'ai vu rôder à vos alentours plus d'un brave garçon prêt à s'embarquer avec vous dans le conjungo définitif.

ATHÉNAÏS.

Qui, par exemple? où? quand?

BEAUDRILLE.

Par exemple, ce petit avocat de Moulins, qui vous faisait une cour assidue aux bains d'Aix, il y a six ans; qui courait avec vous le lac et les montagnes, quoiqu'il eût toujours peur de tomber sur les pierres ou dans l'eau; et qui se vengeait de ses terreurs sur ma bourse, me gagnant sans cesse mon argent au whist ou à la bouillotte : car il était dans ma destinée de payer toujours pour vous.

ATHÉNAÏS.

Comment le nommez-vous?

BEAUDRILLE.

Eh! Chavarot donc! Vous ne vous souvenez pas de Chavarot?

ATHÉNAÏS.

Ah! je crois maintenant me le rappeler : un petit maigre?

BEAUDRILLE.

Gras ou maigre, il n'importe. L'important et le fâcheux de l'affaire, c'est que vous l'ayez rebuté.

ATHÉNAÏS.

Qui vous l'a dit?

BEAUDRILLE.

Lui-même.

ATHÉNAÏS.

Oh! l'effronté menteur! c'est lui qui s'est volontairement retiré parce qu'il ne me trouvait pas assez riche.

BEAUDRILLE.

Allons donc! vous avez soixante mille francs!

ATHÉNAÏS.

La belle affaire!

BEAUDRILLE.

Que de pauvres diables pour qui ce serait une fortune!

ATHÉNAÏS.

Voudriez-vous donc voir votre nièce mariée à un pauvre diable?

BEAUDRILLE.

Ange ou diable, riche ou pauvre, pourvu qu'on vous épouse, c'est tout ce qu'il me faut et j'y donne les mains. Vous avez voulu venir à Vichy; vous y êtes : profitez-en. Vous avez pris l'engagement de vous y marier sans remise; voilà le moment : tenez parole. Employez le temps à votre guise : regardez, écoutez, parlez, chantez, dansez, démenez-vous, trémoussez-vous, arrangez-vous comme il vous plaira pour trouver un mari. Quant à moi, je consens à vous assister encore, et de mon mieux, dans cette épreuve suprême. Le premier que j'attrappe à vous faire la moindre apparence de cœur, sans autre explication et sur la simple constation de son identité, je le tue ou je le force à vous épouser : c'est à choisir. Mais, si, malgré les facilités que je vous offre et la coopération que je vous apporte, vous manquez votre affaire, ce sera tant pis pour vous, irrévocablement tant pis ; et je vous laisse dorénavant vous débrouiller toute seule et sur place avec sainte Catherine, patronne de qui vous savez! Voilà ce que j'avais à vous dire ; prenez-en bonne note et agissez en conséquence. (*On entend la voix de Chavarot, qui s'approche en fredonnant le vieux refrain de : Compère Guillery.*) Je connais cette chanson et cet organe-là.

ATHÉNAÏS, *à part.*

Le voilà donc enfin!

BEAUDRILLE.

Dieu me damne! c'est Chavarot, mais très-engraissé.

ATHÉNAÏS.

Mon oncle, vengez-nous donc un peu du mensonge qu'il vous a fait sur mon compte.

BEAUDRILLE.

Il y a longtemps d'ailleurs que je n'ai tarabusté personne, et la langue me démange. Quant au bras...

SCENE II.

ATHÉNAÏS, CHAVAROT, BEAUDRILLE.

CHAVAROT, *se frottant les mains et chantant sans voir Beaudrille et Athénaïs; il vient de la gauche.*

Il était un p'tit homme
Tout habillé de gris,
Carabi!
Il allait à la chasse,
A la chasse...

BEAUDRILLE, *d'une voix profonde, en l'interrompant.*

Aux perdrix, monsieur Chavarot.

CHAVAROT.

Ah!

ATHÉNAÏS.

Eh! bonjour, monsieur Chavarot.

CHAVAROT.

Ah! — Bonjour, madame.

ATHÉNAÏS.

Madame?... Vous ne reconnaissez donc pas vos anciens amis?

CHAVAROT.

Si fait, si fait : je vous reconnais très-bien. (*A part.*) Trop bien!

ATHÉNAÏS.

Qui vous trouble donc si fort? On dirait un homme qui, en chassant une perdrix, aurait rencontré un lion.

BEAUDRILLE.

Eh!...

CHAVAROT, *à part.*

Elle veut me faire dévorer.

BEAUDRILLE.

Allons, décidément, je vous fais peur.

CHAVAROT.

Peur? à moi?

BEAUDRILLE.

Vous ne seriez pas le premier.

CHAVAROT.

Oh! je sais, capitaine, que vous êtes un homme terrible.

ATHÉNAÏS.

Mon oncle, racontez donc à monsieur l'histoire du capitaine Voisin

CHAVAROT.

L'histoire du capitaine Voisin?

BEAUDRILLE.

Est-ce que je ne vous ai pas, dans le temps, conté mon duel avec le capitaine Voisin?

CHAVAROT.

Il me semble, en effet, me rappeler quelque chose comme cela.

ATHÉNAÏS.

Rien qu'un souvenir confus. Mon oncle va vous rafraîchir la mémoire.

BEAUDRILLE.

Du moment où il ne se rappelle pas bien l'affaire, c'est qu'il ne la connaît pas. On n'oublie pas de pareilles histoires, quand on les a entendues une fois.

CHAVAROT, à part.

Ah maudites lettres!...

BEAUDRILLE.

Puisque vous ne connaissez pas mon duel avec le capitaine Voisin, et que vous désirez le connaître, je veux bien vous le raconter, quoique je n'aime point à parler de ces choses-là, ma nièce le sait bien.

ATHÉNAÏS.

Je le sais mieux que personne.

BEAUDRILLE.

Ce sont de tristes souvenirs!

CHAVAROT, à part.

Si je croyais à la garde!

BEAUDRILLE.

J'étais jeune alors. Je commandais le *Jules-César* de Marseille, et je séjournais pour la première fois à Nantes, où j'étais arrivé en droiture, venant des grandes Indes. Or, toutes les fois que j'abordais dans un port nouveau, j'avais l'habitude, pour plaire aux dames, de me battre en arrivant.

CHAVAROT.

Avec qui?

BEAUDRILLE.

N'importe. Comme Nantes était une ville d'importance, pleine de jolies femmes et de francs-lurons, je résolus d'y faire une entrée brillante, dont il serait parlé de loin. Je pris mes informations en conséquence; et le soir, accompagné de mon second, je m'en fus droit au café militaire. Il s'y trouvait un certain nombre d'habitués paisibles; ce n'était pas mon affaire : je ne leur fis rien. Il en vient quelques autres plus ou moins fringants : ça ne me suffisait pas. Enfin, à dix heures demie, voici que m'arrive en petite tenue et en grandes moustaches, marchant d'un air superbe et regardant son monde du haut en bas, un vrai friand de la lame, le fameux Voisin, capitaine en premier au troisième escadron du cinquième cuirassiers. C'était le plus bel officier de la garnison et le plus fin duelliste de la ville — Me voilà! — s'écria-t-il d'un ton glorieux. — Je vous attendais, lui répondis-je en me levant; — je vous ai marqué à tuer. — Il avait son espadon au côté; j'avais apporté mon sabre sous ma lévite; nous allâmes dans la cour, sous une lanterne; et il se battit, ma foi! très-bien, en vrai crâne qu'il était.

CHAVAROT.

Vous l'avez tué?

BEAUDRILLE.

Puisque me voilà!

CHAVAROT.

Tué! sous une lanterne! à la fleur de l'âge!

BEAUDRILLE.

Il l'a voulu!

CHAVAROT.

Oui, c'est sa faute. Il aurait dû reconnaître ses torts et les réparer.

BEAUDRILLE.

Il m'a donné la seule réparation que je pusse accepter : je n'en connais pas d'autre.

CHAVAROT

Ah! malheureux! (*Il s'affaisse sur une chaise, à moitié évanoui.*)

BEAUDRILLE.

Tiens! qu'est-ce qui lui prend?

ATHÉNAÏS.

Il se trouve mal, mon oncle.

BEAUDRILLE

Eh bien! que voulez-vous que j'y fasse?

ATHÉNAÏS.

Que vous alliez chercher du secours. Vite, un médecin!

BEAUDRILLE.

Au fait, je lui dois bien cela. (*A part, en s'en allant.*) J'ai toujours vu l'histoire du capitaine Voisin produire beaucoup d'effet, mais jamais autant. (*Il sort à gauche.*)

SCÈNE III.

ATHÉNAÏS, CHAVAROT, *assis à droite.*

ATHÉNAÏS.

Remettez-vous... Nous sommes seuls.

CHAVAROT.

Tué sous une lanterne!

ATHÉNAÏS.

Il y a encore moyen de vous sauver.

CHAVAROT.

Vous croyez?

ATHÉNAÏS.

Mais il ne faut pas perdre un moment. Toute hésitation, tout délai vous seraient funestes.

CHAVAROT.

Vous avez raison, vous êtes ma Providence. Merci, adieu. (*Il se lève et s'éloigne.*)

ATHÉNAÏS.

Où allez-vous?

CHAVAROT.

Très-loin. (*Il continue à s'éloigner.*)

ATHÉNAÏS.

Mais que faites-vous donc?

CHAVAROT.

Je suis vos conseils. Je me sauve. (*Il poursuit sa marche.*)

ATHÉNAÏS.

Croyez-vous m'échapper par une billevesée? (*Elle l'arrête vivement par le bras.*)

CHAVAROT.

Une billevesée! Dieu du ciel! je jure que je n'ai pas envie de plaisanter.

ATHÉNAÏS.

Ni moi. Parlons sérieusement. Vous êtes un monstre.

CHAVAROT.

C'est beaucoup dire.

ATHÉNAÏS.

Moins que vous n'avez fait.

CHAVAROT.

C'est l'ambition qui m'a égaré, la fatale ambition, qui perd les hommes.

ATHÉNAÏS.

Et leur fait perdre les femmes.

CHAVAROT.

Hélas!

ATHÉNAÏS.

Si j'écoutais ma colère!

CHAVAROT.

Écoutez plutôt ma défense.

ATHÉNAÏS.

Il n'y a pas de justification possible.

CHAVAROT.

Il y a des circonstances atténuantes.

ATHÉNAÏS.

Lesquelles?

CHAVAROT.

Je suis veuf.

ATHÉNAÏS, à part.

Allons donc!

CHAVAROT.

Est-ce qu'il n'y aurait pas moyen de s'arranger?

ATHÉNAÏS.

Adressez-vous à mon oncle.

CHAVAROT.

Pour me faire égorger ?

ATHÉNAÏS.

Vous n'avez rien à craindre, quant à présent.

CHAVAROT.

Est-ce que vous ne lui avez pas tout dit ?

ATHÉNAÏS.

Pas encore.

CHAVAROT.

Lui aviez-vous dit quelque chose ?

ATHÉNAÏS.

En pareil cas, on dit tout ou rien.

CHAVAROT.

Je ne suis donc pas marqué à tuer ?

ATHÉNAÏS.

C'est selon.

CHAVAROT.

Je comprends : il vous faut ma tête ou ma main.

ATHÉNAÏS.

L'une ou l'autre.

CHAVAROT.

Je vous offre l'autre.

ATHÉNAÏS.

Votre main ?

CHAVAROT.

Et mon cœur.

ATHÉNAÏS.

Faites attention à ce que vous dites et prenez garde à ce que vous ferez. Si ce n'est pas sérieux cette fois, ce sera tragique.

CHAVAROT.

Le mariage n'est pas une plaisanterie.

ATHÉNAÏS.

Ainsi voilà qui est bien entendu : vous m'épousez ?

CHAVAROT.

Si vous daignez y consentir.

ATHÉNAÏS.

Vous me croyez peut-être plus riche qu'autrefois ?

CHAVAROT.

Ni plus ni moins.

ATHÉNAÏS.

A la bonne heure ! je vous accorde votre pardon.

CHAVAROT.

Et votre consentement ?

ATHÉNAÏS, *lui tendant la main.*

Voilà ma réponse.

CHAVAROT, *lui baisant la main.*

Chère Athénaïs !

ATHÉNAÏS, *à part.*

Cette fois je le tiens.

CHAVAROT, *à part.*

Il faut maintenant me tirer de là.

ATHÉNAÏS.

Quand ferez-vous publier les bans ?

CHAVAROT.

Quand vous voudrez.

ATHÉNAÏS.

Demain.

CHAVAROT.

Tant mieux. Vous avez toujours vos soixante mille francs ?

ATHÉNAÏS.

Ni plus ni moins.

CHAVAROT.

C'est suffisant.

ATHÉNAÏS.

C'est indifférent.

CHAVAROT.

Plût à Dieu !

ATHÉNAÏS.

N'êtes vous pas riche ?

CHAVAROT.

Je l'ai été.

ATHÉNAÏS.

Vous ne l'êtes plus ?

CHAVAROT.

Je suis ruiné.

ATHÉNAÏS.

Ruiné !

CHAVAROT.

Complétement.

ATHÉNAÏS.

C'est incroyable.

CHAVAROT.

C'est trop vrai.

ATHÉNAÏS.

Vous aviez pourtant gagné deux cent mille francs à ce mariage ?

CHAVAROT.

Sans compter l'étude. C'était joli.

ATHÉNAÏS.

Superbe.

CHAVAROT.

Mais les affaires se suivent et ne se ressemblent pas.

ATHÉNAÏS.

Pourquoi spéculer encore ?

CHAVAROT.

Je voulais un million.

ATHÉNAÏS.

Vous avez joué ?

CHAVAROT.

Je me croyais sûr de gagner. Mon agent de change me l'avait formellement promis.

ATHÉNAÏS.

Et, malgré sa promesse ?...

CHAVAROT.

J'eus ma bataille de Pavie, hélas ! et je perdis...

ATHÉNAÏS.

Tout ?

CHAVAROT.

Fors l'honneur.

ATHÉNAÏS.

Voilà tout ce qui vous reste ?

CHAVAROT.

Plus une cinquantaine de mille francs...

ATHÉNAÏS.

C'est encore une ressource.

CHAVAROT.

Entendons-nous. Je disais : cinquante mille francs de dettes.

ATHÉNAÏS.

De dettes ?

CHAVAROT.

De dettes. — N'importe ! je puis me consoler de tout, puisque vous me rendez votre amour.

ATHÉNAÏS.

Mon affection ne payerait pas vos dettes.

CHAVAROT.

Pardonnez-moi, sur les soixante mille francs que vous m'apportez en dot, j'en prendrai tout de suite cinquante mille pour liquider l'arriéré ; restent dix mille francs que je garderai comme en cas ; et, avec du travail et du temps, beaucoup de temps, par exemple, j'arriverai, je l'espère du moins, à nous assurer une vieillesse tranquille. Qu'en dites-vous, Athénaïs ?

ATHÉNAÏS.

Moi ? rien.

CHAVAROT.

O ciel ! vous vous taisez ! vous hésitez peut-être ! se pourrait-il, Athénaïs, que l'aveu de ma pauvreté m'eût fait perdre votre affection ?

ATHÉNAÏS.

Point du tout ; votre malheur ne fait que m'intéresser davantage à vous.

CHAVAROT.

Ah ! je reconnais là votre désintéressement.

ATHÉNAÏS.

Mais mon oncle !

CHAVAROT.

Eh bien ?

ATHÉNAÏS.

Moi, je ne tiens pas à l'argent. Mais mon oncle y tient pour moi; et cela revient au même.

CHAVAROT.

Pas du tout.

ATHÉNAÏS.

Je ne puis me marier sans son consentement.

CHAVAROT.

Vous êtes majeure !

ATHÉNAÏS.

Moi?

CHAVAROT.

Vous avez même la grande majorité. C'est donc de vous seule, uniquement de vous que dépend notre salut.

ATHÉNAÏS.

C'est-à-dire le vôtre.

CHAVAROT.

Tout n'est-il pas commun entre gens qui s'aiment?

ATHÉNAÏS.

Êtes-vous bien sûr que nous nous aimions?

CHAVAROT.

Oui, pour mon compte.

ATHÉNAÏS.

Vous m'aimez aujourd'hui, parce que vous êtes ruiné.

CHAVAROT.

Serait-ce donc pour cela que vous ne m'aimeriez plus?

ATHÉNAÏS.

Moi ! j'ai cessé de vous aimer le jour où vous m'avez abandonnée, et il y a longtemps.

CHAVAROT.

Vous me disiez le contraire tout à l'heure.

ATHÉNAÏS.

J'avais mes raisons.

CHAVAROT.

Lesquelles?

ATHÉNAÏS.

Croyez-vous qu'on oublie de pareils outrages? Je ne suis pas femme pour rien, monsieur Chavarot; j'ai bonne mémoire et bonne rancune. Vous aviez autrefois dédaigné la main que je vous offrais. J'ai voulu me faire offrir la vôtre, pour avoir le plaisir de la refuser. Vous m'aviez tourné le dos alors que vous ne me trouviez pas assez riche; je suis venue tout exprès vous tirer ma révérence, maintenant que vous êtes ruiné. Je tenais à vous payer de votre monnaie, et je crois que nous sommes quittes. Je vous avais annoncé une vengeance : la voilà; je n'en veux pas d'autre. Rassurez-vous; je suis généreuse, et je maintiens le pardon que je vous ai accordé tout à l'heure.

CHAVAROT, *à part.*

Et c'est elle qui me raille !

ATHÉNAÏS.

Eh bien ! monsieur Chavarot, qu'en dites-vous?

CHAVAROT.

Rien; j'aurais trop à dire.

ATHÉNAÏS.

Quoi, par exemple?

CHAVAROT.

Que vous niez maintenant, parce que vous me connaissez pauvre, ce que vous affirmiez tout à l'heure, parce que vous me croyiez riche.

ATHÉNAÏS.

Moi ! je savais depuis longtemps que vous étiez ruiné.

CHAVAROT.

En vérité?

ATHÉNAÏS.

Tout Paris le sait.

CHAVAROT, *à part.*

De mieux en mieux; je n'ai plus besoin de m'en mêler.

ATHÉNAÏS.

Cela vous étonne?

CHAVAROT.

Je l'avoue.

ATHÉNAÏS.

Rien de plus simple cependant : votre agent de change a parlé.

CHAVAROT.

Quelle indiscrétion ! un agent de change! il n'y a plus à se fier à personne.

ATHÉNAÏS.

A propos de confiance, nous avons un petit compte à régler, monsieur Chavarot.

CHAVAROT.

Lequel?

ATHÉNAÏS.

Mes lettres?

CHAVAROT, *à part.*

Dieu soit loué! je ne savais comment lui demander les miennes.

ATHÉNAÏS.

Vous hésitez, monsieur?

CHAVAROT.

Je gémis, mademoiselle, mais je n'hésite pas; je suis galant homme, et, quoi qu'il en puisse coûter à mon cœur, je remplirai mon devoir. Puisque tout est fini entre nous... est-ce fini?

ATHÉNAÏS.

Irrévocablement fini.

CHAVAROT.

Vous le voulez, cruelle!

ATHÉNAÏS.

Je veux mes lettres.

CHAVAROT.

Quand?

ATHÉNAÏS.

Le plus tôt possible.

CHAVAROT.

Vous les aurez dans une heure.

ATHÉNAÏS.

Toutes ?

CHAVAROT.

En savez-vous le compte ?

ATHÉNAÏS.

Quatre-vingt-seize.

CHAVAROT.

Juste. Vous verrez qu'il n'en manque pas une.

ATHÉNAÏS.

Très-bien !

CHAVAROT.

Adieu, mademoiselle.

ATHÉNAÏS.

Au revoir, monsieur... Dans une heure.

CHAVAROT.

Et pour la dernière fois?

ATHÉNAÏS.

J'aime à le croire.

CHAVAROT.

Vous voudrez bien alors me remettre en même temps les miennes.

ATHÉNAÏS.

Quoi?

CHAVAROT.

Mes lettres.

ATHÉNAÏS.

Vos lettres ?

CHAVAROT.

Oui. Je vous en ai écrit sept.

ATHÉNAÏS.

Il y a si longtemps !

CHAVAROT.

Scripta manent.

ATHÉNAÏS.

Je n'entends pas le latin.

CHAVAROT.

Je vous prie de me les rendre.

ATHÉNAÏS.

Je les ai brûlées.

CHAVAROT.

C'est égal, rendez-les-moi toujours.

ATHÉNAÏS.

Vous doutez de ma parole?

CHAVAROT.

De votre mémoire seulement.

ATHÉNAÏS.

Il me semble bien les avoir brûlées.

CHAVAROT.

Après tout, c'est possible.

ATHÉNAÏS.

C'est même très-probable.

CHAVAROT.

En ce cas, pour que nous soyons à deux de jeu, qui de quatre-vingt-seize lettres ôte sept, reste...

ATHÉNAÏS.

Je chercherai dans mes malles.

CHAVAROT.

Cherchez et vous trouverez. A bientôt. (*Il salue et s'éloigne.*)

ATHÉNAÏS.

Adieu.

CHAVAROT, *à part, en s'en allant.*

Encore une partie gagnée !

ATHÉNAÏS, *à part.*

Encore un parti perdu.

SCÈNE IV.

DUMÈGE, CHAVAROT, BEAUDRILLE, ATHÉNAÏS.

BEAUDRILLE.

Voilà le docteur, enfin !

CHAVAROT.

Merci, capitaine, je suis remis.

BEAUDRILLE.

Déjà !

CHAVAROT.

Grâce aux attentions délicates de mademoiselle votre nièce.

BEAUDRILLE.

C'était bien la peine de me faire tant courir !

DUMÈGE.

Quant à moi, je suis bien aise, monsieur Chavarot, d'être venu pour rien.

CHAVAROT.

Je vous remercie, cher docteur, comme si vous étiez venu pour quelque chose. Mais je vous dois à tous deux un dédommagement pour la peine que chacun de vous a prise à sa manière ; et je crois vous le donner, messieurs et amis, en vous présentant l'un à l'autre. (*A Dumège, en lui montrant Beaudrille.*) Monsieur le capitaine Beaudrille, mon ami. (*A Beaudrille, en lui montrant Dumège.*) Mon ami, monsieur le docteur Dumège, médecin des Eaux.

DUMÈGE, *saluant Beaudrille.*

Vous êtes le bienvenu dans ce pays, monsieur, et vous serez le très-bien venu dans ma maison, si vous voulez me faire l'honneur de vous y présenter.

BEAUDRILLE, *saluant Dumège.*

Enchanté, docteur, de faire votre connaissance. Un médecin est toujours bon à connaître, surtout aux Eaux. Les vôtres, docteur, sont-elles vraiment bonnes pour les gastrites?

DUMÈGE.

Oui, monsieur ; mais elles ne valent rien pour la goutte.

BEAUDRILLE.

Diable ! Athénaïs, vous ne m'aviez pas dit cela.

ATHÉNAÏS.

Je ne suis pas médecin, mon oncle.

BEAUDRILLE.

Mais comment vais-je faire?

DUMÈGE.

Rien de plus simple. Si les eaux doivent vous faire du mal, n'en buvez pas.

BEAUDRILLE.

Cela me contrariera, parce que j'aime à consommer sur place. Les produits spéciaux d'un pays y valent toujours mieux et coûtent moins cher qu'ailleurs. Mais il faut bien se faire une raison ; et, puisque vous me défendez l'eau, docteur, je me résignerai à n'en pas boire: je boirai du vin. Allons déjeuner, ma nièce. (*Il prend le bras d'Athénaïs, qui lui dit un mot à l'oreille.*) Tiens ! je l'avais oublié ; docteur, je vous présente ma nièce et je vous la recommande.

DUMÈGE.

C'est à moi de me mettre aux ordres de madame.

BEAUDRILLE, *poussé par Athénaïs.*

Mademoiselle, docteur, mademoiselle Athénaïs Beaudrille, ma nièce : elle est encore à marier.

DUMÈGE.

J'aurais dû m'en douter, et j'en félicite celui qui aura le bonheur de plaire à mademoiselle.

ATHÉNAÏS.

Rien d'aimable ne saurait m'étonner de votre part, monsieur; la politesse est chez vous un apanage de famille. Nous avons fait route, en venant de Paris, avec monsieur votre fils, qui m'a comblée d'attentions et de prévenances. Je suis heureuse de vous remercier à la fois de son obligeance et de la vôtre. (*Échange de saluts; Athénaïs sort à gauche, donnant le bras à Beaudrille.*)

SCÈNE V.

DUMÈGE, CHAVAROT.

CHAVAROT, *regardant Athénaïs qui s'éloigne, à part.*

L'ennemi se retire en pleine déroute : c'est le moment de lancer les hussards.

DUMÈGE.

A l'avantage de vous revoir, monsieur Chavarot. (*Il commence à s'éloigner.*)

CHAVAROT, *arrêtant Dumège.*

Docteur, vous allez dire que je rêve toujours mariage ; mais tout à l'heure, en voyant mademoiselle Beaudrille, il m'est venu une idée.

DUMÈGE.

Laquelle?

CHAVAROT.

Oh ! une idée en l'air. Il est trop jeune pour elle. Ce n'est pas qu'elle soit bien âgée. Vous l'avez vue: quel âge lui donnez-vous?

DUMÈGE.

Je ne sais : vingt-cinq ans.

CHAVAROT.

Tout au plus. Mais c'est égal : je le crois trop jeune pour elle. Quel âge a-t-il ?

DUMÈGE.

Qui ?

CHAVAROT.

Votre fils.

DUMÈGE.

Vingt-deux ans.

CHAVAROT.

Trop jeune ! C'est dommage : une personne aimable, élevée dans un des meilleurs pensionnats de la capitale, et soixante mille francs comptant. Soixante mille francs, c'est quelque chose au bout du compte.

DUMÈGE.

C'est l'aisance d'une honnête famille.

CHAVAROT.

Mais il est décidément trop jeune pour elle.

CHAVAROT.

Je le crois comme vous.

DUMÈGE.

La chose mérite pourtant réflexion. Si par hasard ce parti vous convenait à tous deux, vous n'auriez qu'à me le dire: entre nous, je crois que l'oncle serait bien aise de la marier, convenablement s'entend, avec un honnête homme, avec un jeune homme de bonne famille, comme voilà votre fils.

DUMÈGE.

Merci, j'y penserai.

CHAVAROT.

Pensez-y. Peut-être est-il trop jeune, peut-être non. En tout cas, vous pouvez compter sur mes bons offices.

DUMÈGE.

Merci encore une fois pour votre bonne pensée et pour vos offres amicales.

CHAVAROT.

Il n'y a pas de quoi. Tout à vous, docteur. (*Il sort à droite.*)

SCÈNE VI.

DUMÈGE seul.

Il faut décidément que je me corrige de cette maudite habitude de juger les gens sur leur physionomie : Chavarot a du bon.

SCÈNE VII.

HENRI, DUMÈGE.

HENRI, *venant du pavillon.*

Eh bien, père, où es-tu donc? que fais-tu? à peine arrivé, tu m'abandonnes. C'est que je m'ennuie de ne pas te voir.

DUMÈGE.

Tu m'aimes donc toujours?

HENRI.

Ne devons-nous pas nous aimer chacun pour deux? maintenant que nous avons perdu l'amour en qui nous confondions nos deux âmes!

DUMÈGE.

Chère et vivante image de mon bonheur passé! Ta mère n'est pas tout entière perdue pour moi : elle t'a laissé en partant sa parole et son regard.

HENRI.

Et à toi son cœur. Je t'aimais en elle: je l'adore en toi. (*Dumège s'essuye furtivement les yeux.*) Oh! ne te cache pas pour pleurer, tu n'en as pas besoin; c'est si bon les bonnes larmes! Moi aussi j'ai envie de pleurer, et de rire aussi, de parler, de crier, de chanter. Depuis que j'ai quitté Paris, il me semble que je suis sorti de prison. Je suis ivre de joie et de liberté, l'air du pays me monte à la tête, j'aime tant l'odeur des foins coupés! Et cette rivière qui me semblait si grande quand j'étais petit, et qui me paraît toujours si belle! Le long de la route, je voyais les arbres s'incliner pour me dire bonjour, comme les paysans qui me tiraient leur bonnet; et, la tête à la portière, je saluais tous ces vieux amis. Les nuages eux-mêmes me faisaient cortége en courant après la voiture; et je trouve à mon arrivée les apprêts d'un bal! Veux-tu que nous dansions un peu? (*Il prend son père par la taille.*)

DUMÈGE, *se défendant.*

Non : mes clients pourraient me voir.

HENRI.

Quel ennui de ne pouvoir être heureux à son aise! quand on l'est si rarement.

DUMÈGE.

Serais-tu vraiment heureux, complétement heureux, ici?

HENRI.

Ici n'ai-je pas sous mes pieds la terre deux fois sacrée où reposent mes souvenirs, où vivent mes affections, et sur ma tête le ciel bleu, patrie de l'espérance? Que désirer de plus?

DUMÈGE.

Ce que tu regretterais peut-être plus tard.

HENRI.

Quoi donc?

DUMÈGE.

Les plaisirs que recherche la jeunesse et qu'offre Paris.

HENRI.

Moi! je ne connais qu'un plaisir, le travail. Et c'est un plaisir commode qu'on peut se donner partout.

DUMÈGE.

Et à bon marché.

HENRI.

Du papier, de l'encre, une plume : l'art n'en demande pas davantage pour donner la gloire.

DUMÈGE.

Tu consentirais donc, mais là, de bon cœur, à t'enfermer, pendant les deux tiers ou les trois quarts de l'année, je suppose, au fond d'un département?

HENRI.

Dans un désert, si c'était avec toi.

DUMÈGE.

Tu dis cela pour me faire plaisir.

HENRI.

N'ai-je pas réussi?

DUMÈGE.

Certes! Mais toi? c'est de toi qu'il s'agit. Réponds en toute franchise, d'une façon complétement désintéressée, en m'oubliant... (*mouvement de Henri*) pour un moment. Je ne te demande pas l'impossible. Un peu d'égoïsme, s'il vous plaît, monsieur, et dis-moi ta mauvaise vérité. Où et comment te plairait-il de vivre?

HENRI.

Ici, gâté par toi.

DUMÈGE.

Reste donc avec moi, cher enfant, et ne quitte plus ton père que pour la gloire.

HENRI.

Que dis-tu, père? Et pourquoi me parler d'un bonheur, hélas! impossible?

DUMÈGE.

Où est l'impossibilité, je te prie? où est l'obstacle? Qui t'empêcherait, après avoir travaillé ici, d'aller réussir là bas? Sois tranquille : ce n'est pas moi qui t'arrêterai jamais, ce n'est pas moi qui te retarderai d'une heure sur la route du succès.

HENRI.

Tu m'y pousserais plutôt.

DUMÈGE.

Je t'y porterais.

HENRI.

Je le sais bien.

DUMÈGE.

Qui te retient alors?

HENRI.

Mes leçons.

DUMÈGE.

Tu en prends encore?

HENRI.

Non : j'en donne.

DUMÈGE.

Est-ce que cela t'amuse?

HENRI.

Comme la pluie.

DUMÈGE.

Pourquoi t'imposer un ennui qui me prive d'un plaisir?

HENRI.

Eh! ne faut-il pas gagner sa vie?

DUMÈGE.

Non, quand on a un père qui gagne pour deux.

HENRI.

Tu seras donc toujours le même, mon pauvre père? Tu ne deviendras donc jamais raisonnable?

DUMÈGE.

Par exemple!

HENRI.

C'est vrai : j'ai beau te prêcher l'économie à tout instant et de toutes les manières, rien n'y fait; je ne puis venir à bout de te corriger. Tu ne songes qu'à la dépense!

DUMÈGE.

Qu'est-ce que tu me racontes là?

HENRI.

Tes fredaines, père prodigue! Après avoir payé mon éducation, tu as voulu payer mon entretien, mes plaisirs, mes fantaisies, que sais-je? Et maintenant tu voudrais, sous prétexte de gloire, me payer l'oisiveté avec ton travail!... Halte-là! si je te laissais faire, tu n'aurais jamais le sou.

DUMÈGE.

Je puis bien faire ce qu'il me plaît de mon argent: j'en suis le maître.

HENRI.

Pas du tout : j'en suis copropriétaire, et je veux que tu le gardes.

DUMÈGE.

Pour qui et pourquoi?

HENRI.

Pour toi, pour tes vieux jours.

DUMÈGE.

Dans ce temps-là, tu m'en donneras.

HENRI.

Certainement, si j'en ai. Mais si je n'en ai pas?

DUMÈGE.

Tu feras fortune avec tes opéras.

HENRI.

Attends au moins que les opéras soient faits.

DUMÈGE.

Le meilleur moyen de les faire, c'est de travailler; et pour travailler vite, le meilleur moyen, c'est de bien employer le temps.

HENRI.

Je t'en prie, père, n'insiste pas. J'aurais peine à refuser, j'aurais honte d'accepter.

DUMÈGE.

Hum !

HENRI.

Parlons d'autre chose.

DUMÈGE.

Comme tu voudras. Hum !

HENRI.

Est-il arrivé beaucoup de baigneurs ?

DUMÈGE.

Beaucoup. Hum !

HENRI.

Tant mieux. La saison sera brillante.

DUMÈGE.

Hum ! N'as-tu pas fait route avec un certain capitaine Beaudrille ?

HENRI.

Celui qui a tué le capitaine Voisin sous une lanterne ?

DUMÈGE.

Il t'a semblé ridicule ?

HENRI.

Il m'a semblé ce qu'il est.

DUMÈGE.

Ah ! Sa nièce était avec lui ?

HENRI.

Oui.

DUMÈGE.

Qu'en dis-tu ?

HENRI

Rien.

DUMÈGE.

Je te demande ce que tu en penses.

HENRI.

Ni bien ni mal.

DUMÈGE.

Comment trouves-tu sa figure ?

HENRI.

Singulière.

DUMÈGE.

Et son caractère ?

HENRI.

Un peu étourdi et trop romanesque pour son âge.

DUMÈGE.

Vingt-cinq ans ?

HENRI.

Oh ! oui.

DUMÈGE.

Il n'en faut plus parler. (*Il passe à gauche.*)

HENRI.

Pourquoi ?

DUMÈGE.

Elle ne te convient pas.

HENRI.

Songeais-tu à me la faire épouser ?

DUMÈGE.

Oh ! si elle t'avait convenu.

HENRI.

Elle me convient parfaitement.

DUMÈGE.

Tu viens de me dire qu'elle n'était ni jeune, ni jolie, ni sensée,
ni...

HENRI.

Qu'est-ce que cela fait ?

DUMÈGE.

Ce que cela fait ?

HENRI.

Cela ne fait rien.

DUMÈGE.

Cela fait qu'elle ne te convient pas et que tu ne l'épouseras
pas.

HENRI.

Mais si.

DUMÈGE.

Mais non.

HENRI.

Si tu ne le veux pas, c'est une autre affaire. Je ne prétends
pas me marier contre ta volonté.

DUMÈGE.

Voilà qui est plaisant ! ne vas-tu pas maintenant me faire
jouer malgré moi le rôle d'un père despote, et me persuader

que c'est moi qui t'empêche de te marier à ton gré, quand c'est
toi au contraire qui répugne à ce mariage, tandis que moi je n'y
renonce que parce que tu m'as prouvé que... Tiens ! je ne sais
ce que je dis. C'est à en perdre la tête. Laisse-moi tranquille.

HENRI.

Laisse-moi t'expliquer la chose, au contraire. Rien de plus
simple. Ce mariage me convient, puisqu'il t'arrange ; et je ne
demande pas mieux que d'épouser cette demoiselle, puisqu'elle
te plaît.

DUMÈGE.

Il ne s'agit pas de moi.

HENRI.

Si fait. Du moment où cela m'est égal, c'est toi que cela regarde.

DUMÈGE.

Eh bien ! elle ne me plaît pas, à moi, cette demoiselle !

HENRI.

Pourquoi ?

DUMÈGE.

Pour les raisons que tu m'as dites tout à l'heure.

HENRI.

Bah ! jolie ou laide, jeune ou vieille, celle-là ou une autre,
qu'importe ?

DUMÈGE.

Quel philosophe ! Est-ce que tu te mêlerais, Henri, de mépriser
les femmes ?

HENRI.

Dieu m'en garde !

DUMÈGE.

Tu les hais donc ?

HENRI.

Tu vois bien que non, puisque je veux me marier.

DUMÈGE.

Que signifie alors une pareille insouciance en un sujet si
grave ?

HENRI.

Que les femmes me sont indifférentes : voilà tout.

DUMÈGE.

O mon fils ! si jeune encore, ne tente pas la vie. C'est un mys-
tère aussi, et personne avant d'en sortir n'en sait le dernier
mot.

HENRI.

Rassure-toi, père. J'ai plus d'expérience que tu me supposes,
et je ne parle point au hasard.

DUMÈGE.

Bon ! ne vas-tu pas à cette heure te métamorphoser en victime
des passions et te pencher mélancoliquement sur les ruines de
tes illusions brisées ?

HENRI.

Ne te moque pas de moi. Je veux dire simplement qu'à Paris
j'ai rencontré nombre de jeunes et jolies femmes, fort aimables,
disait-on, et que je ne me suis jamais senti la moindre velléité
d'en aimer aucune.

DUMÈGE.

Je te savais raisonnable, mais pas à ce point.

HENRI.

Te voilà donc rassuré, complétement rassuré, j'espère ; et je
n'imagine pas quelle objection tu pourrais encore me présenter.

DUMÈGE.

Eh ! ne vois-tu pas, mon cher enfant, qu'en te détournant de
ton projet, je lutte contre mon plus cher désir ; que je cherche à
tromper moi-même ma secrète espérance ? Ce mariage sans t'en-
richir, Dieu merci, mettrait ton avenir à l'abri du besoin ; et
libre alors des soucis matériels, tu pourrais consacrer tout ton
temps, toutes tes forces, à l'élaboration de ton œuvre, à la construction de ta renommée !

HENRI.

Bon ! je n'irais plus à Paris que pour la publication de mes
ouvrages ; et le reste de l'année, je le passerais ici, heureux et
tranquille, à rêver, à travailler, à vivre, près de toi !

DUMÈGE.

Le paradis pour ma vieillesse !

HENRI.

Père, va demander pour moi la main de mademoiselle Beaudrille.

DUMÈGE.

Tu es vraiment décidé à l'épouser ?

HENRI.

A condition qu'elle viendra habiter la maison paternelle.

DUMÈGE.

Si tu le veux, nous essayerons.

HENRI.

Tout de suite.

DUMÈGE.

Tu prendras bien vingt-quatre heures pour réfléchir.

HENRI.

Toutes mes réflexions sont faites. Mon parti est pris. Je me décide vite et j'agis de même. Penser, dire et faire, pour moi c'est tout un. Malgré mon air tranquille, je ne sais pas attendre. Va de ce pas entamer l'affaire et tâche de conclure. Va, pars tout de suite pour revenir plus tôt : veux-tu?

DUMÈGE.

Ce que tu voudras. Mais je crains...

HENRI.

Ne crains rien. Je réponds de tout.

DUMÈGE.

Henri! tu regretteras peut-être un jour de t'être engagé trop légèrement.

HENRI.

Ce que je regretterais toute ma vie, père, ce serait l'occasion du bonheur perdu par ma faute. Demain, peut-être, il serait trop tard. Prenons garde aux rivaux, et hâtons-nous.

DUMÈGE.

C'est ton dernier mot?

HENRI.

Au revoir, père, et bonne chance.

DUMÈGE, *le serrant dans ses bras.*

Que Dieu récompense ta piété filiale! (*Il regarde un instant son fils d'un air à la fois attendri et inquiet, et semble chercher sur sa physionomie quelque trace d'hésitation. Voyant Henri lui sourire avec confiance, il lève brusquement les deux mains en homme qui a définitivement pris son parti.*) Le sort en est jeté (*Il sort à grands pas par la gauche.*)

SCENE VIII.

HENRI, *seul,*

Ma récompense, ô mon père! ce sera ta joie. Toi content, moi tranquille, qu'aurai-je à souhaiter? c'est une affaire entendue : n'y pensons plus. — Garçon! Eh bien! où est-il donc ce garçon? (*Il sort à droite. Le jardin se remplit de promeneurs. On entend au dehors le prélude d'une contredanse.*)

SCÈNE IX.

NANON, ADÈLE.

ADÈLE, *donnant le bras à Nanon.*

Ah! ma pauvre Nanon, j'en mourrai de chagrin.

NANON.

Attendez un peu, mademoiselle : il est toujours temps de faire une bêtise.

ADÈLE.

Je ne cesse de pleurer en pensant à ce mariage.

NANON.

Il n'est pas encore fait.

ADÈLE.

Ma grand'mère dit qu'il se fera bientôt.

NANON.

Elle n'est pas sorcière et n'a pas l'avenir dans sa poche. Tant que le maire et le curé n'y ont point passé, on ne peut jurer de rien. Et d'ici là !...

ADÈLE.

Eh bien ?

NANON.

Je trouverai quelque chose.

ADÈLE.

Dieu t'entende, hélas !

SCÈNE X.

NANON, ADÈLE, CHAVAROT.

CHAVAROT, *à part, entrant par le fond à droite.*

J'ai mes lettres; je me moque des réclamations, et je brave le destin. (*Voyant Adèle séparée de Nanon, il s'empresse de lui offrir le bras.*) Mademoiselle, voulez-vous permettre ?

ADÈLE.

Oui, monsieur.

CHAVAROT.

Vous n'avez pas oublié, j'espère, votre promesse d'ouvrir le bal avec moi ?

ADÈLE.

Non, monsieur.

CHAVAROT.

Aimez-vous la contredanse, mademoiselle?

ADÈLE.

Moins que la redowa, monsieur.

CHAVAROT.

Vous m'étonnez. C'est si joli, la contredanse !

ADÈLE.

C'est si vieux ! (*Adèle et Chavarot sortent par la gauche.*)

SCENE XI.

NANON, HENRI.

NANON, *apercevant Henri, qui rentre à droite.*

Tiens ! je connais cette figure-là : une jolie figure, ma foi! (*Elle traverse le théâtre et va se mettre en face de Henri.*)

HENRI.

Que cherches-tu, Nanon ?

NANON.

Je cherche un ami d'autrefois, monsieur Henri.

HENRI.

Tu l'as trouvé, Nanon. (*Il s'asseoit à droite de la table.*)

NANON, *s'asseyant en face de Henri, le dos tourné vers le jardin.*

Ça prouve chez vous un bon cœur, monsieur Henri, et une bonne mémoire; car il y a bien longtemps que nous ne nous sommes vus.

HENRI.

Depuis que j'ai quitté Moulins : il y a cinq ou six ans.

NANON.

Pourquoi donc que vous n'y êtes pas revenu ? est-ce que vous avez le dégoût du pays?

HENRI.

Je l'aime à la folie, au contraire. Mais j'ai voyagé ; j'ai passé deux ans en Italie, le reste à Paris,

NANON.

Je ne vous en veux pas alors.

HENRI.

Tu aurais tort de m'en vouloir, Nanon ; car moi, je t'ai toujours gardé un bon souvenir, ainsi qu'à ta sœur de lait, la petite Adèle. La bonne enfant et bien gentille! A-t-elle grandi?

NANON.

Elle est aussi grande que moi.

HENRI.

Ce n'est pas possible.

NANON.

Pourquoi donc? Est-ce qu'il n'est pas permis aux petites filles de devenir de belles demoiselles comme aux petits garçons de devenir de beaux messieurs? Elle n'a pas plus perdu son temps que vous.

HENRI.

La distraction est naïve, en effet. Je la vois toujours comme elle était dans ce temps-là, quand nous jouions tous les trois à cache-cache, dans la ferme, et que je la portais dans mes bras pour passer les ruisseaux.

NANON.

Je me rappelle que vous l'appeliez souvent : ma petite femme ! et que vous l'embrassiez à pleines joues.

HENRI.

Je l'aimais de tout mon cœur.

NANON.

Je suis contente que vous soyez venu pour la fête.

HENRI.

C'est un hasard.

NANON.

N'importe. Puisque vous y êtes, j'espère que vous n'en donnerez pas votre part au chat. Vous allez danser ?

HENRI.

Non.

NANON.

Monsieur est trop vieux : ces plaisirs ne sont plus de

HENRI.

Si; mais ils ne sont plus de mon goût.

NANON.

Oh ! faut pas faire le fier, parce que vous venez de Paris. Il y a de jolies filles ici, et pas faraées.

HENRI.

Je le vois bien, Nanon.

NANON.

Je ne parle pas de moi, pauvre paysanne ! mais de certaines que je connais, autrement faites que moi pour plaire aux beaux messieurs qui reviennent d'Italie. (*Henri a cessé d'écouter Nanon pour regarder Adèle qui descend les marches du pavillon.*)

HENRI, *portant la main à son cœur.*

Ah !

NANON.

Qu'avez-vous, monsieur ?

HENRI, *se frottant les yeux.*

C'est une vision.

NANON.

Quoi ?

HENRI, *se levant.*

Belle comme ma mère !

NANON, *se retournant et apercevant Adèle.*

Ah ! je comprends. Sonnez les cloches !

SCENE XII.

ADÈLE, CHAVAROT, HENRI, NANON.

CHAVAROT, *entrant vivement par la gauche, à Adèle.*

Mademoiselle, j'ai eu soin de m'assurer un vis-à-vis.

HENRI, *à Chavarot.*

Monsieur...

ADÈLE, *à part, reconnaissant Henri.*

C'est lui ! Henri !

HENRI.

Voulez-vous bien me permettre de danser avec mademoiselle votre fille ?

CHAVAROT.

Monsieur, je n'ai pas d'enfants.

HENRI.

Pardon, monsieur, j'ai voulu dire avec mademoiselle votre nièce.

CHAVAROT.

Monsieur, je suis Chavarot, seul de ma famille.

HENRI.

A quel titre alors donnez-vous le bras à mademoiselle ?

CHAVAROT.

La question est plaisante.

HENRI.

Je la fais pourtant très-sérieusement, monsieur, et je vous conseille d'y répondre de même.

CHAVAROT.

Puisqu'il faut vous le dire, monsieur, je suis le futur de mademoiselle.

HENRI.

Son futur beau-père ?

CHAVAROT.

De quel pays arrive donc ce petit monsieur ?

HENRI.

Puisque vous le prenez ainsi, monsieur, je n'ai plus de ménagements à garder, et je danserai avec mademoiselle sans votre consentement.

CHAVAROT.

Monsieur, cette contredanse m'appartient de droit. (*En ce moment l'orchestre joue les premières mesures d'une redowa.*)

HENRI.

Ce n'est pas une contredanse, monsieur, c'est une redowa, et elle m'appartient de fait. (*Il passe devant Chavarot et prend sa place auprès d'Adèle.*)

CHAVAROT.

Monsieur, ces choses-là ne se font pas.

HENRI, *mettant ses gants.*

Vous voyez bien que si, monsieur.

CHAVAROT.

Je veux dire, monsieur, qu'on ne doit pas les faire.

HENRI.

On et moi cela fait deux, monsieur.

CHAVAROT.

Monsieur, vous me poussez à bout ! Je vais chercher la grand'mère. (*Il s'éloigne précipitamment par la droite.*)

SCÈNE XIII.

NANON, ADÈLE, HENRI.

HENRI, *à Adèle.*

Je vous demande pardon, mademoiselle ; je vous demande mille fois pardon de mon inconvenance. Mais c'est plus fort que moi. Epargnez-moi des reproches : j'en serais navré. Pas de représentations non plus : elles ne serviraient à rien. En vous voyant, j'ai perdu la tête.

ADÈLE.

Mais, monsieur, ma grand'mère m'a défendu de danser avec des inconnus.

HENRI.

Ce n'est pas vous qui dansez de votre plein gré, mademoiselle; c'est moi qui vous force à danser. Vous ne désobéissez pas, vous n'êtes pas libre.

NANON, *à Adèle.*

Allez de confiance, mademoiselle, je réponds de tout. (*Henri et Adèle sortent rapidement par la gauche.*)

SCENE XIV.

NANON, CHAVAROT, Mme DESPERRIERS.

CHAVAROT, *à Mme Desperriers, en entrant par la droite.*

Oui, madame, oui, c'est comme j'ai l'honneur de vous le dire.

Mme DESPERRIERS.

Dieu du ciel ! est-ce possible ?

CHAVAROT, *regardant de tous côtés.*

Eh bien ! où sont-ils passés ?

NANON.

Vous arrivez trop tard, monsieur ; les oiseaux sont envolés. (*Chavarot se dirige vivement vers la gauche ; il se débat au milieu de la foule qui l'empêche d'avancer. Le rideau baisse.*)

ACTE III.

Le salon d'un appartement dit meublé. — Au fond, une grande porte à deux battants. — A gauche, une porte latérale et une cheminée ; devant la cheminée, une table. — A droite, une porte latérale et une fenêtre ouverte.

SCÈNE PREMIÈRE.

ADÈLE, Mme DESPERRIERS, NANON.

Mme DESPERRIERS, *entrant à grands pas, suivie d'Adèle et de Nanon.*

C'est un scandale inouï. Danser la redowa avec ce paltoquet, sous les yeux de monsieur Chavarot ! Le bon Dieu vous punira.

NANON.

Moi aussi, madame ?

Mme DESPERRIERS.

Certainement. On doit partager la peine quand on a partagé la faute.

NANON.

Je n'ai rien partagé, madame. J'ai dansé toute seule, et une danse respectable encore, l'ancienne bourrée du pays.

Mme DESPERRIERS.

Vous avez dansé pour me vexer.

NANON.

Ça vexe donc, madame, qu'on prenne du plaisir ?

Mme DESPERRIERS.

Il est indécent que les domestiques s'amusent quand les maîtres sont contrariés.

NANON.

Madame voudra bien m'avertir quand elle sera de bonne humeur, pour que je me dépêche de rire.

Mme DESPERRIERS.

Ce ne sera pas aujourd'hui. Vous resterez toutes les deux enfermées ici, où vous ne verrez que monsieur Chavarot.

NANON.

Tant mieux, madame. Nous n'irons pas en enfer de ce coup-là, puisque nous voilà en purgatoire.

Mme DESPERRIERS.

Vous êtes une pécore. *Mouvement de Nanon, qui veut répondre.*) Plus un mot, ou je vous envoie à la cuisine.

NANON.

Je ne demande pas mieux, madame; j'y parlerai toute seule, et c'est le moyen d'avoir toujours raison. (*Elle fait un mouvement de sortie vers le fond.*)

Mme DESPERRIERS.

Eh bien! moi, je ne veux pas que vous y alliez. Je veux que vous restiez ici, sans rien dire, bavarde! (*Nanon s'asseoit contre la porte du fond, à droite, et met les mains dans ses poches.*) Qu'est-ce que vous faites là?

NANON.

Ma pénitence, madame.

Mme DESPERRIERS.

Ce n'est pas pour cela que je vous paye des gages.

NANON.

Donnez-moi de l'ouvrage alors.

Mme DESPERRIERS.

Cherchez la clef de cet escalier (*elle montre la porte latérale de droite*), qui s'est égarée dans notre emménagement.

NANON.

Je veux bien, madame; mais je ne la trouverai pas.

Mme DESPERRIERS.

Pourquoi?

NANON.

Parce que.

Mme DESPERRIERS.

Vous qui prétendez trouver tout!

NANON.

Tout ce qui me dit quelque chose, madame. Mais, que voulez-vous? cette clef ne me dit rien.

Mme DESPERRIERS.

Si vous ne la retrouvez pas aujourd'hui même, demain j'en ferai faire une autre à vos frais, pour vous apprendre!

NANON.

Qu'est-ce que ça m'apprendra, madame?

Mme DESPERRIERS.

Ce que coûte...

NANON, *l'interrompant.*

Une clef...

Mme DESPERRIERS, *reprenant vivement.*

Et une négligence.

NANON.

Quarante sous les deux, c'est pas cher.

Mme DESPERRIERS, *tendant à Nanon un tricot commencé.*

Tricotez! voici mon bas. (*A Adèle, en lui présentant une broderie.*) Et voilà ma broderie, mademoiselle: brodez! (*Adèle et Nanon se mettent vivement à la besogne, chacune de son côté.*) Je verrai bien en revenant ce que vous aurez fait.

NANON, *d'un ton chagrin.*

Madame nous quitte déjà?

Mme DESPERRIERS.

Pour m'occuper de ce joli muguet qui vient troubler en plein jour le repos des familles. Je vais avertir le maire; je vais convoquer le garde champêtre et les gendarmes; je vais me plaindre au préfet!

NANON, *à part.*

Va-t'en au diable, si tu veux, pourvu que tu t'en ailles!

Mme DESPERRIERS.

Quant à vous, je suis tranquille: je vous laisse sous clef. (*Elle sort par la porte du fond, qu'elle ferme au dehors à double tour*

SCENE II.

ADÈLE, NANON.

NANON, *regardant sortir Mme Desperriers.*

Cric! crac!... Très-bien, madame, et n'oubliez pas le verrou.

ADÈLE, *posant sa broderie sur la table.*

Quel bonheur que grand'maman t'ait laissée avec moi! (*Elle se lève.*)

NANON, *se levant aussi et jetant son tricot.*

J'étais bien sûre de rester, mademoiselle, en demandant à m'en aller. Pour obtenir quelque chose de madame, il n'y a qu'à la prier du contraire. A votre place, moi, je la prierais de me faire épouser monsieur Chavarot, demain matin!

ADÈLE.

Ah! Nanon, peux-tu plaisanter ainsi de mon malheur?

NANON.

C'est la preuve que je n'y crois pas, mademoiselle. Quand on a bon cœur, l'on ne plaisante les gens que sur les infirmités qu'ils n'ont pas. Et je réponds que vous ne serez jamais feu madame Chavarot.

ADÈLE.

Ah! toi, d'abord, tu ne doutes de rien.

NANON.

C'est le moyen de venir à bout de tout.

ADÈLE.

Que faire et comment?

NANON.

On fait ce qu'on peut et comme on peut. Est-ce qu'on sait d'avance? Saviez-vous ce matin que monsieur Chavarot vous demanderait en mariage à midi, et qu'à deux heures monsieur Henri vous ferait polker à son nez et à sa barbe? Qui peut me dire aujourd'hui le temps qu'il fera demain? Personne. Ce qu'il y a de certain, c'est que je mettrai mes souliers, s'il fait sec, et, s'il pleut, mes sabots. Voilà tout. On se chausse suivant l'occasion et l'on marche.

ADÈLE.

Une jeune fille est obligée de respecter les convenances.

NANON.

Qu'est-ce que c'est que ça, les convenances? C'est-il pas ce qui convient aux personnes?

ADÈLE.

Si l'on veut.

NANON.

Or donc, épousez celui qui vous convient, au lieu d'épouser celui qui ne vous convient pas, et vous aurez fait vos convenances.

ADÈLE.

Grand'maman n'y consentira jamais.

NANON.

Jamais! c'est bien long.

ADÈLE.

Si je résiste, elle me mettra au couvent.

NANON.

Si on fait des coups d'autorité, nous ferons des coups de tête; et nous prendrons la clef des champs. (*Elle lui montre une clef.*)

ADÈLE.

La clef! Tu l'as donc trouvée?

NANON.

Est-ce que je ne trouve pas tout ce que je cherche? Rassurez-vous donc: j'ai votre liberté dans ma poche. (*Elle remet la clef dans sa poche.*)

ADÈLE.

Moi, donner un tel scandale!

NANON.

Dame! on ne fait pas d'omelettes sans casser des œufs!

ADÈLE.

Mais crois-tu du moins qu'il m'aime?

NANON.

Qui? monsieur Chavarot?

ADÈLE.

Mauvaise! tu sais aussi bien que moi de qui je veux parler.

NANON.

Et vous, mademoiselle l'innocente, vous savez mieux que moi ce que vous voulez me faire dire.

ADÈLE.

Mais alors, pourquoi ne pas nous donner de ses nouvelles?
*Un bouquet entre par la fenêtre, et vient tomber aux pieds
l'Adèle.)*

NANON, *à Adèle, lui montrant le bouquet.*

En voilà.

ADÈLE, *ramassant le bouquet.*

Tu crois que ce bouquet vient de lui?

NANON.

Et vous?... *(Allant à la fenêtre et y faisant une révérence.)*
Votre servante, monsieur. *(Elle se retire de la fenêtre.)*

SCENE III.

ADÈLE, NANON, HENRI, en dehors.

HENRI, *appelant.*

Nanon!

NANON, *à Adèle.*

Mademoiselle, l'écoutons-nous?

ADÈLE.

Écoute-le, toi.

NANON, *à la fenêtre.*

Qu'est-ce que vous voulez encore, monsieur?

HENRI.

Je voudrais causer avec toi.

NANON.

Avec moi?

HENRI.

Oui, avec vous.

NANON, *se retournant vers Adèle.*

Tiens! il ne me tutoie plus.

ADÈLE.

Il est si poli!

NANON, *à la fenêtre.*

Eh bien! monsieur, puisque vous voulez causer, causons.

HENRI.

C'est qu'on ne s'entend pas de si loin!

NANON.

Eh bien! monsieur, ne causons pas. *(Elle se retire de la fenêtre.)*

HENRI.

Si si! causons de plus près. *(Adèle se rapproche de la fenêtre.)*

NANON, *à la fenêtre.*

Comment?

HENRI.

Est-ce que vous ne venez pas vous promener? Il fait si beau!

NANON.

Nous ne pouvons pas sortir.

HENRI.

Mais, moi, ne pourrais-je pas entrer?

NANON, *se retournant vers Adèle.*

Au fait?

ADÈLE.

Par exemple!

NANON.

Par exemple! *(A Henri, par la fenêtre.)* Non, monsieur, non,
vous ne pouvez pas entrer.

ADÈLE, *à part.*

Quel dommage!

NANON, *continuant.*

A moins que vous ne trouviez moyen d'ouvrir la porte. *(Elle
lui jette la clef par la fenêtre.)*

SCENE IV.

ADÈLE, NANON.

ADÈLE.

Oh! pour cela, Nanon, je ne puis le permettre.

NANON.

Je le sais bien, mademoiselle. Mais je sais aussi que vous me
permettrez de me passer de votre permission.

ADÈLE.

Si grand'maman revenait!

NANON.

Le chien aboiera : il ne peut pas la souffrir.

ADÈLE.

- Oh! je tremble de peur, de honte et de joie.

NANON.

Fermez les yeux, mademoiselle : voilà le diable.

SCENE V.

ADÈLE, NANON, HENRI.

HENRI, *se précipitant vers Adèle, les bras ouverts, avec un cri de
joie.*

Adèle!

ADÈLE, *immobile, les yeux baissés, la voix tremblante.*

Henri.

NANON, *se plaçant entre eux.*

Doucement, s'il vous plaît. Je veux bien qu'on s'explique, mai
je n'entends pas qu'on s'embrasse. Pour la morale, voyez-vous
je suis un gendarme. Ainsi, attention! des paroles tant qu'i
vous plaira, mais pas de gestes. *(Elle remonte un peu; les deux
jeunes gens se trouvent au milieu de la scène, et tout en cau
sant ils vont à la droite du public.)*

HENRI, *à Adèle.*

M'aviez-vous reconnu?

ADÈLE.

Pouvais-je oublier l'ami de mon enfance?

HENRI.

Pourquoi ne me l'avoir pas dit tout de suite?

ADÈLE.

Je voulais vous éprouver.

HENRI.

Ai-je bien supporté l'épreuve?

ADÈLE.

Pas trop. Vous ne m'avez pas reconnue, vous.

HENRI.

Vous êtes si belle!

ADÈLE.

J'étais donc laide, autrefois?

HENRI.

Charmante toujours; mais autrement.

NANON, *à part.*

Pendant qu'ils font leur ramage ensemble, qu'est-ce que je
pourrais donc faire, moi, pour me tenir compagnie? Eh! je vais
leur tirer les cartes. *(Elle s'asseoit devant la table à gauche, en
tournant le dos aux jeunes gens, et tire de sa poche un jeu de
cartes qu'elle bat et étale tour à tour devant elle.)*

ADÈLE, *s'asseyant à droite, à Henri.*

Durant cette longue absence, avez-vous quelquefois pensé
à moi?

HENRI.

Toutes les fois que j'ai pensé au pays. Et vous?

ADÈLE.

Quand vous êtes parti, j'ai bien pleuré, toute enfant que j'é
tais; et plus d'une fois, au couvent, on m'a grondée à cause de
vous.

NANON, *regardant les cartes.*

Roi de cœur! C'est monsieur. Dame de cœur! C'est mademoiselle. Valet de trèfle! Ça ne peut être que cet affreux
Chavarot.

ADÈLE.

Je n'étais pas heureuse, allez! J'ai besoin d'affection pour
vivre, et je n'avais plus personne pour m'aimer. Sans cette
bonne Nanon, je serais morte de chagrin, si vous n'étiez pas
revenu.

HENRI.

J'ai un père excellent. Vous deviendrez sa fille, et nous vous
adorerons tous les deux.

NANON, *regardant les cartes.*

Un homme de campagne! Le jeu se trompe; c'est une femme
de campagne qu'il veut dire. Ça me regarde.

ADÈLE.

Vous n'avez jamais aimé?

HENRI.

Vous avez été la première, vous êtes la seule, vous serez la
dernière.

ADÈLE.

O mon ami! je crois tout ce que vous me dites.

HENRI.

Vous avez raison : je ne sais pas tromper.

ADÈLE.

Ce serait dommage.

HENRI.

C'est vous qui m'avez révélé l'amour. Je n'y ai pensé qu'en vous revoyant, je n'y ai cru qu'en vous aimant. Je le portais en moi sans m'en douter. Je prenais pour l'indifférence une passion endormie. Mon cœur est resté engourdi tout le temps de notre séparation, comme une plante durant l'hiver. C'était aujourd'hui le printemps, et tout a éclaté au premier rayon de soleil.

NANON, *regardant les cartes.*

Contrariétés, un homme de loi. C'est cet abominable Mistigri. Oh! le monstre!

HENRI.

Êtes-vous riche?

ADÈLE.

Non.

HENRI.

Tant mieux!

ADÈLE.

Pourquoi?

HENRI.

On ne pourra me supposer des vues intéressées, et il n'y a pas de raison pour qu'on me refuse votre main.

NANON, *regardant les cartes.*

Ah! de l'argent! tout est sauvé, nous avons de l'argent.

ADÈLE.

Et vous, quelle fortune avez-vous?

HENRI.

Aucune.

ADÈLE.

Tant pis!

HENRI.

Pourquoi?

ADÈLE.

Grand'maman préférera monsieur Chavarot qui a beaucoup d'hectares.

NANON, *jetant les cartes avec découragement.*

Je le rencontrerai donc partout, cet animal de Mistigri! C'est à ne plus savoir où donner de la tête. (*Elle se remet à consulter les cartes avec plus d'attention que jamais.*)

ADÈLE.

Patientez, je persévérerai.

HENRI.

Jusqu'à la fin?

ADÈLE.

Aussi longtemps que vous.

HENRI.

Vous serez donc à moi, chère Adèle!

ADÈLE.

Ou à personne. Voilà ma foi. (*Elle lui tend la main.*)

HENRI, *saisissant la main d'Adèle.*

Je la prends. Voilà mon cœur. (*Il attire doucement Adèle et lui laise la main.*)

ADÈLE, *les yeux baissés.*

Je le garde.

NANON, *sans détourner les yeux de ses cartes.*

Hé! là bas! Qu'est-ce que j'entends? (*Les deux jeunes gens s'éloignent précipitamment l'un de l'autre.*)

HENRI, *s'approchant de Nanon.*

Que disent les cartes?

NANON,

Grande réussite! Mariage! mariage! mariage! (*Elle se lève dans un transport d'enthousiasme, court se placer entre Adèle et Henri, et leur étend solennellement les mains sur la tête.*) Je vous bénis, mes enfants. Soyez heureux, et... le reste!

ADÈLE, *avec inquiétude.*

On monte l'escalier. (*Elle va écouter à la porte latérale de droite.*)

NANON, *à Henri.*

Vous n'avez donc pas fermé la porte?

HENRI.

Étourdi!

NANON.

Le diable soit des amoureux!

ADÈLE, *avec terreur.*

Voilà grand'maman!

NANON.

C'est ici que les chats vont se peigner.

ADÈLE.

Que devenir? (*Elle va s'asseoir près de la table, et se met à tricoter à tort et à travers.*)

HENRI.

Que faire?

NANON.

Du tapage, en attendant mieux. (*Criant de toutes ses forces.*) Voulez-vous bien vous en aller, monsieur?

HENRI, *interdit.*

Par où?

NANON, *à demi-voix.*

Aidez-moi donc, au lieu de me répondre... Cassez quelque chose. (*Elle renverse une chaise et traîne à grand bruit un fauteuil contre la porte de droite.*)

HENRI, *stupéfait.*

Moi, casser quelque chose? ici!

Mme DESPERRIERS, *au dehors, à droite.*

Quel vacarme, bon Dieu! (*Elle entr'ouvre la porte.*) Que se passe-t-il?

NANON, *s'adossant contre la porte qu'elle referme par une vigoureuse poussée, et criant plus fort que la première fois.*

Si vous ne vous en allez pas, monsieur, je crie : au secours!

Mme DESPERRIERS, *au dehors.*

Nanon!

NANON, *continuant.*

Je crie : au feu! J'appelle madame!

Mme DESPERRIERS, *au dehors, criant à tue-tête.*

Ouvrez, Nanon, ouvrez! Je vous l'ordonne. C'est moi!

NANON, *parlant très-haut.*

La voilà.. justement : nous sommes sauvées! (*Elle ouvre la porte à Mme Desperriers, qui pousse un cri de surprise en apercevant Henri.*)

SCÈNE VI.

ADÈLE, HENRI, Mme DESPERRIERS, NANON.

Mme DESPERRIERS, *à Henri.*

Vous ici, monsieur! Vous chez moi! (*Henri salue d'un air embarrassé.*)

NANON, *vivement.*

Ah! madame, vous avez bien fait d'arriver.

Mme DESPERRIERS.

Vous m'attendiez peut-être?

NANON.

A preuve que je vous ai laissé la porte ouverte.

Mme DESPERRIERS.

Ah! ah! vous avez donc trouve la clef?

NANON.

Vous m'aviez dit que, si je ne la trouvais pas, vous me la feriez payer.

Mme DESPERRIERS, *montrant Henri.*

Et monsieur?

HENRI, *embarrassé.*

Moi, madame?

NANON.

Monsieur?

Mme DESPERRIERS.

Pourquoi lui avoir ouvert, à lui?

NANON.

Parce qu'il menaçait de casser les carreaux si je n'ouvrais pas.

HENRI, *à demi-voix.*

Que dit-elle?

ADÈLE, *bas à Henri.*

Laissez-la dire.

Mme DESPERRIERS, *à Henri.*

Mais, qu'est-ce que je vous ai fait, monsieur, pour me persécuter de la sorte?

NANON, *l'interrompant.*

Oh ! ce n'est pas à vous, madame, qu'il en veut ; c'est à mademoiselle : mais il lui en veut terriblement.

Mme DESPERRIERS.

A ma petite-fille ?

NANON.

Il prétend l'épouser tout de suite.

Mme DESPERRIERS.

Malgré moi ?

NANON.

Oui, madame, malgré vous, malgré moi, malgré monsieur Chavarot, malgré tout le monde.

Mme DESPERRIERS.

Malgré elle-même ?

NANON.

Pour ça, non, madame ; il croit que mademoiselle l'adore.

ADÈLE, *à demi-voix.*

Que dit-elle ?

HENRI, *bas à Adèle.*

Laissez-la dire.

Mme DESPERRIERS.

Il le croit ?

NANON.

Oui, madame, je vous demande un peu !

Mme DESPERRIERS, *allant à Henri.*

Apprenez, monsieur, que ma petite-fille est trop bien élevée pour aimer quelqu'un sans ma permission, surtout vous.

HENRI.

Pourquoi moi ?

Mme DESPERRIERS.

Parce que je vous trouve insupportable.

NANON.

Très-bien, madame !

HENRI, *à part.*

Cette femme a le génie de l'absurdité.

NANON, *à Adèle.*

Et vous, mademoiselle, parlez donc aussi, pour en finir, et dites une bonne fois la vérité.

ADÈLE, *bas à Nanon.*

Que fais-tu ?

NANON, *bas à Adèle.*

Je vous jette à l'eau pour vous faire nager.

Mme DESPERRIERS.

Allons, mademoiselle, dites à monsieur son fait en deux mots.

NANON, *bas à Adèle.*

Du courage ! ou je vous abandonne.

ADÈLE, *à Mme Desperriers.*

Que faut-il lui dire ?

Mme DESPERRIERS.

Eh ! parbleu ! que vous ne l'aimez pas.

ADÈLE.

Grand'maman, je ne sais pas mentir et je ne veux tromper personne, surtout vous. J'en appelle à votre cœur de mère, et je vous demande le bonheur comme je vous dis la vérité. Henri est mon ami d'enfance : je l'aime, je l'aimerai toujours, parce que je l'ai toujours aimé, et je mourrai plutôt que d'appartenir à un autre.

HENRI, *à part.*

Noble fille !

Mme DESPERRIERS, *stupéfaite.*

L'ai-je bien entendu ?

NANON.

Moi, je l'ai entendu.

Mme DESPERRIERS, *à Nanon.*

Vous, je vous connais, et je vois clair dans vos simagrées et vos mensonges.

NANON.

Vous m'excuserez, madame : je ne mens pas, j'invente.

Mme DESPERRIERS.

Eh bien ! c'est vous qui avez inventé ce complot et causé tout ce désordre.

NANON.

J'en conviens, madame, et je m'en vante. C'est moi qui ai conseillé à mademoiselle de ne pas épouser ce vilain petit vieux procureur veuf, que vous vouliez lui donner pour mari, et qui pourrait être son père... s'il n'était pas si laid. C'est moi qui ai poussé monsieur au travers de ce mariage absurde. C'est moi qui vous ai tendu le petit piège où vous êtes tombée.

Mme DESPERRIERS.

Vous voilà bien avancée !

NANON.

Juste où je voulais en venir, madame. Vous savez maintenant, par devant témoins, qui mademoiselle aime et qui elle n'aime pas, et vous ne pourrez plus prétexter d'ignorance pour la rendre malheureuse toute sa vie.

Mme DESPERRIERS.

Ah ! vous prétendez me mettre dans mon tort ?

NANON.

C'est fait, madame.

Mme DESPERRIERS.

Eh bien, moi, je vous mets à la porte. (*Elle va ouvrir la porte du fond.*)

NANON, *avec un air d'effroi.*

C'est-il bien vrai, madame ? vous me renvoyez ?

Mme DESPERRIERS.

Je vous chasse.

NANON, *criant et pleurant.*

Ah ! mon Dieu ! quel malheur ! Perdre une si bonne place, où je n'avais rien à faire que les appartements, le marché, la cuisine, les commissions, les raccommodages et la lessive ! une place si lucrative, où je gagnais quarante écus par an, sans compter cinq francs d'étrennes et une paire de sabots. (*Sérieusement.*) Et quels procédés ! Nanon par-ci, Nanon par-là ! pourquoi avez-vous fait ceci ? pourquoi n'avez-vous pas fait ça ? et gni, et gna...

Mme DESPERRIERS.

Insolente !

NANON.

Pardon, madame ! les bons comptes font les bons amis. Vous m'avez donné le mien, il faut bien que je vous règle le vôtre, pour que nous soyons quittes. Bon courage, mademoiselle ; au revoir, monsieur Henri. (*Faisant une grande révérence à madame Desperriers.*) Votre servante, madame, moins les gages. (*Elle sort par le fond.*)

SCÈNE VII.

HENRI, Mme DESPERRIERS, ADÈLE.

Mme DESPERRIERS.

Maintenant, mademoiselle, que vous voilà privée de mauvais conseils, (*Elle entraîne Adèle vers la porte à gauche.*) nous verrons si vous osez encore me tenir tête.

HENRI, *suivant tous les mouvements de Mme Desperriers.*

Au revoir, mademoiselle. Je viens de contracter vis-à-vis de vous une nouvelle dette d'affection ; mais je me sens le cœur assez riche pour tout payer.

Mme DESPERRIERS, *poussant Adèle à gauche.*

Rentrez. (*Elle se retourne, et se trouve nez à nez avec Henri.*) Quant à vous, monsieur, c'est devant les tribunaux que vous aurez à répondre de tous vos attentats.

HENRI.

Madame, j'ai l'honneur de vous présenter mes respects. (*Il se dirige vers la table où se trouve placé son chapeau.*)

Mme DESPERRIERS, *lui barrant le chemin.*

Que voulez-vous encore ?

HENRI.

Mon chapeau.

Mme DESPERRIERS, *s'emparant du chapeau.*

Je le garde, pour le produire en justice, comme pièce de conviction.

HENRI.

Comme il vous plaira, madame. (*Il s'assied à droite.*)

Mme DESPERRIERS.

Vous ne voulez pas vous en aller ?

HENRI.

Je ne puis sortir nu-tête.

SCÈNE VIII.

Mme DESPERRIERS, CHAVAROT, HENRI.

Mme DESPERRIERS.

Chavarot !

CHAVAROT.

Madame ?

MME DESPERRIERS.

Vous arrivez fort à point.

CHAVAROT.

Pourquoi ?

MME DESPERRIERS.

Pour me débarrasser de monsieur.

CHAVAROT, à part.

Mon impertinent de ce matin!

MME DESPERRIERS.

Vous êtes un homme, vous; châtiez-le comme il le mérite ; je vous l'abandonne. (*Elle sort par la gauche, en emportant le chapeau de Henri.*)

SCENE IX.

HENRI, CHAVAROT.

CHAVAROT, *se promenant de long en large, à part.*

Le châtier! Hum! hum!

HENRI, *se levant.*

Monsieur, quelles sont vos armes?

CHAVAROT.

Mes armes ? Pourquoi faire ?

HENRI.

Pour vous battre donc.

CHAVAROT.

Avec qui?

HENRI.

Avec moi, parbleu!

CHAVAROT.

Donc et parbleu me paraissent charmants. Ne dirait-on pas, à vous entendre, qu'il s'agit d'une conclusion évidente et d'une affaire jugée?

HENRI.

Ne prétendez-vous pas épouser mademoiselle Adèle Desperriers?

CHAVAROT.

Certainement.

HENRI.

Moi aussi.

CHAVAROT.

Ah !

HENRI.

Oui.

CHAVAROT.

Tiens !

HENRI.

Pourquoi pas?

CHAVAROT.

J'ai le consentement de la famille.

HENRI.

Et moi celui de la demoiselle.

CHAVAROT.

Moi aussi.

HENRI.

Vous?

CHAVAROT.

Elle me l'a donné, elle-même à moi-même, parlant à ma personne.

HENRI.

J'ai entrepris de vous le faire rendre.

CHAVAROT.

Comment ?

HENRI.

Comme vous vous l'êtes fait donner, par force.

CHAVAROT.

Mais c'est de la barbarie !

HENRI.

Dites : de la justice !

CHAVAROT.

Singulière justice!

HENRI.

Vous achetez à autrui la liberté de nos affections, et je vous laisserais tranquillement passer, emportant dans votre bourse le bonheur de deux existences! Halte-là! monsieur, et comptons ensemble.

CHAVAROT.

La bourse ou la vie !

HENRI.

Le mariage ou la vie !

CHAVAROT.

C'est une variante de grand chemin.

HENRI.

Oui : la différence du bandit au chevalier.

CHAVAROT.

A d'autres, monsieur! Je ne suis pas un chevalier, moi : je suis un avoué.

HENRI.

Mais homme d'honneur, peut-être?

CHAVAROT.

Je défie qui que ce soit au monde d'articuler un fait contre ma parfaite honorabilité. Bon fils, bon époux, je le fus et le serai; bon père, j'espère l'être; bon confrère et bon citoyen, j'ai toujours rempli tous mes devoirs envers ma compagnie, ma famille et ma patrie.

HENRI.

Auriez-vous servi?

CHAVAROT.

J'ai fait mieux : j'ai acheté, pour servir à ma place, un homme d'élite, j'ose le dire ; un homme dont la belle conduite a noblement signalé ma présence sous les drapeaux, et qui a fini par se faire tuer au champ d'honneur d'une façon tout à fait glorieuse pour moi.

HENRI.

Raison de plus, monsieur. Après vous être tant et si bien battu par procuration, vous pouvez bien vous battre un peu en personne et pour votre propre compte.

CHAVAROT.

Quoi! vous voulez qu'après de tels sacrifices, et dans une position pareille, j'aille me battre en duel moi-même comme le premier venu! Cette riche santé que respectent les ans, cette belle fortune que chaque jour augmente, tant d'avantages naturels, tant de prospérités acquises, je les exposerais bénévolement à la brutalité d'un pistolet?

HENRI.

Préférez-vous l'épée ?

CHARAVOT.

Pourquoi pas le sabre ou la baïonnette ?

HENRI.

Comme il vous plaira. Faites votre choix; dites votre goût; ne vous gênez pas : en tout, pour tout, partout, je suis votre homme.

CHAVAROT.

Voyez-vous le spadassin? Il abuse de sa supériorité à toutes les armes connues.

HENRI.

Je n'en connais aucune.

CHAVAROT.

Si vous ne les connaissez pas, monsieur, vous ne viendriez pas me les proposer. La preuve, c'est que moi, qui n'en connais véritablement aucune, je les refuse toutes.

HENRI.

C'est votre dernier mot?

CHAVAROT.

Mon dernier comme mon premier mot. Quand on a des principes, on ne varie jamais.

HENRI.

Puisqu'il en est ainsi, monsieur, puisque vous ne voulez ni vous retirer, ni vous battre, attendez-vous à tout. Je vais dénoncer la vendetta : gare z-vous. A dater de ce moment, à partir de cette place, vous ne marcherez plus que sur des pétards. Vous serez assiégé, miné, bombardé, assailli de toutes les manières, sous toutes les formes, à toutes les heures du jour et de la nuit, même le dimanche ! Bon gré, mal gré, vous aurez la guerre, une guerre d'Afrique, pleine de razzias, d'avanies et d'algarades.

CHAVAROT.

Ah ! monsieur! c'est une lâcheté d'insulter un homme qui ne se bat pas.

HENRI.

Je ne m'attendais pas à celle-là ! Vous m'accablez. J'ai l'honneur de vous saluer. (*Il prend le chapeau de Chavarot, placé sur une chaise, au fond à droite.*)

CHAVAROT.

Avec mon chapeau?

HENRI,

Il n'est plus à vous : je le prends

CHAVAROT.

Mais c'est un dol.

HENRI.

Une substitution seulement. Madame Desperriers m'a pris le mien à cause de vous ; je vous prends le vôtre à cause d'elle. (*Il met le chapeau sur sa tête.*)

CHAVAROT.

Mais ne voyez-vous pas qu'il vous est trop petit?

HENRI.

Tant mieux! le mien vous sera trop grand, et vous en paraîtrez plus ridicule. (*Il se dirige vers la porte du fond.*)

CHAVAROT, *le suivant.*

Prenez garde, monsieur, de me pousser à quelque extrémité.

HENRI, *revenant sur ses pas.*

Me feriez-vous, par hasard, le plaisir de vous fâcher ?

CHAVAROT.

Mais je me fâche, monsieur !

HENRI.

Prouvez-le donc, en venant me disputer ce trophée, (*il agite le chapeau*) conquis sur un poltron ! (*Il sort par le fond.*)

SCENE X.

ADÈLE, CHAVAROT.

CHAVAROT, *seul.*

Roquet! — Pourvu qu'on n'ait pas entendu sa conversation !

ADÈLE, *entrant à gauche.*

Eh bien! monsieur Chavarot, qu'avez-vous fait de votre prisonnier?

CHAVAROT.

Je l'ai mis à la porte.

ADÈLE.

Il est fort heureux que vous ne l'ayez pas jeté par la fenêtre.

CHAVAROT.

C'est trop haut. Je ne veux pas la mort du pécheur.

ADÈLE.

La générosité sied bien au courage.

CHAVAROT, *à part.*

Elle n'a rien entendu.

ADÈLE.

Quel bonheur c'est pour moi de trouver en vous une âme si clémente et si miséricordieuse ! et combien cela me rassure ! car j'aurai, moi aussi, grand besoin de votre indulgence.

CHAVAROT.

Jamais, je l'espère.

ADÈLE.

Plus tôt que vous ne l'imaginez.

CHAVAROT, *à part.*

Qu'est-ce qu'elle cache donc là?

ADÈLE.

Permettez-moi de vous en remercier à l'avance ; et, pour vous témoigner ma gratitude, de vous offrir un petit présent, oh ! bien petit! il n'a d'autre valeur que l'à-propos.

CHAVAROT.

Oh ! mademoiselle, le moindre don de vous sera pour moi un trésor.

ADÈLE.

Veuillez donc accepter ce chapeau. (*Elle lui présente le chapeau de Henri, qu'elle avait jusqu'alors tenu caché.*)

CHAVAROT, *pétrifié.*

Ce chapeau?

ADÈLE.

En remplacement du vôtre. (*Elle lui met dans les mains le chapeau qu'il garde machinalement.*)

CHAVAROT, *à part.*

Elle a **tout** entendu.

ADÈLE.

Il vous **sera** peut-être un peu grand.

CHAVAROT, *tâchant de rire.*

Vous croyez?

ADÈLE.

J'en ai peur. Mais enfin, tel qu'il est, je vous l'offre de bon cœur. Bonne chance, monsieur Chavarot, bonne chance ! (*Elle sort par la gauche.*)

SCÈNE XI.

CHAVAROT, *seul.*

(*Il regarde longtemps en silence et d'un œil morne le chapeau qu'il tient dans ses deux mains.*) Si je persistais à l'épouser après cet avertissement symbolique, il faut avouer que j'aurais bien du front ! Et je n'en aurais jamais assez. Foin de moi ! J'y renonce. (*Une pause.*) Au fait, pourquoi y renoncerais-je ? Toutes les femmes sont les mêmes : il n'y a que les dots qui diffèrent. Et quand la différence monte à cinq cent mille francs, les scrupules descendent à zéro. (*Il prend le chapeau que lui a laissé Adèle, et s'en coiffe par distraction. Le chapeau s'enfonce brusquement jusqu'au nez de Chavarot, qui cherche vainement à s'en débarrasser. — La toile tombe.*)

ACTE IV.

Un salon chez le docteur Dumège. — Au fond, une grande porte ; deux portes latérales se faisant face l'une à l'autre. — A droite, une table.

SCÈNE PREMIÈRE.

BEAUDRILLE, DUMÈGE, *assis tous deux et causant.*

DUMÈGE.

Sous un réverbère !

BEAUDRILLE.

Oui, voilà comme nous étions dans ce temps-là, quand je commandais le *Jules-César*, de Marseille.

DUMÈGE.

En vérité ?

BEAUDRILLE.

Cela vous étonne ?

DUMÈGE.

Un peu, je l'avoue. Paisible par nature et pacifique par état, je n'ai jamais tué personne, au moins volontairement. De là ma surprise au récit de ces héroïsmes transcendants. Pardonnez à la naïveté d'un pauvre médecin de province.

BEAUDRILLE.

A propos, c'est une affaire entendue, n'est-ce pas ?

DUMÈGE.

Quoi ?

BEAUDRILLE.

Eh donc! ce mariage.

DUMÈGE, *se levant.*

Je n'aurai plus rien à désirer pour mon fils, s'il est assez heureux pour obtenir la main de mademoiselle votre nièce.

BEAUDRILLE.

Il n'y a pas de doute, puisque je l'agrée.

DUMÈGE.

Reste à savoir, et, sans vous offenser, capitaine, c'est là le point important, s'il sera également agréé par mademoiselle votre nièce.

BEAUDRILLE.

Certainement, certainement. Il lui convient, ils se conviennent sous tous les rapports. Je l'ai bien vu pendant le voyage : ils n'ont fait que rire, causer littérature et manger des oranges ensemble.

DUMÈGE.

Ce sont là des témoignages assurément peu équivoques de convenance et de sympathie. Cependant, il ne m'en paraît pas moins nécessaire de consulter plus en détail la personne qu'intéresse spécialement la conclusion d'une aussi grave affaire.

BEAUDRILLE.

Soit; je ne veux pas vous contrarier pour si peu de chose. Je m'en vais de ce pas consulter ma nièce, et, dans une heure je vous apporterai son consentement. Nous ferons publier les bans dimanche prochain ; et, dans une petite quinzaine, eux, vous et moi, nous serons à la noce. Sans adieu. (*Il sort par le fond.*)

SCENE II.

DUMÈGE, *seul.*

Voilà un homme qui me paraît terriblement pressé de marier sa nièce ! Et moi ? Avant de blâmer les autres, il faudrait au moins être bien sûr qu'on est parfaitement satisfait de soi-même.

SCENE III.

DUMÈGE, HENRI.

HENRI, *entrant.*

Oh! mon père! que je suis heureux! (*Il dépose sur la table le chapeau qu'il a pris à Chavarot.*)

DUMÈGE.

Tant mieux d'abord. Maintenant, veux-tu me dire pourquoi?

HENRI.

Elle m'aime!

DUMÈGE.

Vraiment?

HENRI.

Cela t'étonne?

DUMÈGE.

Que l'on t'aime? non. Je m'étonne seulement que tu le saches.

HENRI.

Elle me l'a dit elle-même, des yeux, des lèvres, du cœur.

DUMÈGE.

Où l'as-tu donc vue?

HENRI.

Au bal d'abord, où elle m'a reconnu la première. Moi, je ne pensais qu'à l'admirer.

DUMÈGE.

Comment! tu l'admirais sans la reconnaître?

HENRI.

Elle est tellement changée!

DUMÈGE.

Depuis que tu l'as vue?

HENRI.

Transfigurée, mon père!

DUMÈGE.

O merveilleux prisme! prisme changeant de la jeunesse!

HENRI.

Tu dirais comme moi si tu la voyais.

DUMÈGE.

Donne-moi la main. (*Henri tend la main à son père qui lui tâte le pouls.*)

HENRI, *retirant sa main.*

Sois tranquille, je ne me suis jamais mieux porté.

DUMÈGE.

Du délire sans fièvre : le cas est singulier.

HENRI.

Si l'amour est une folie, ô mon père! ne m'en guéris pas.

DUMÈGE.

Tu l'avoues donc?

HENRI.

Je m'en glorifie.

DUMÈGE.

Le voilà donc ce prophète de son cœur, qui prédisait à midi que jamais l'ombre d'une passion ne viendrait altérer la sérénité superbe de son indifférence! O grand homme! quelle heure est-il?

HENRI.

Que te dirai-je? J'ai été converti, comme saint Paul sur la route de Damas, par un éblouissement. Pardonne à mon erreur en faveur de mon repentir.

DUMÈGE.

Te pardonner, mon cher enfant! N'as-tu donc pas deviné mon attendrissement au fond de mes railleries? Je ne ris de ma joie que pour n'en point pleurer. Si tu savais de quel poids tu soulages mon pauvre cœur! Je tremblais pour ton avenir d'un mariage sans amour. Toi, ne pas aimer! c'était impossible. L'amour est une dette de nature que tout noble cœur doit payer, et paye inévitablement tôt ou tard. Tu as raison d'être amoureux : je t'en félicite pour ton bonheur, je t'en remercie pour ma conscience, et je t'en aime, s'il se peut, davantage.

HENRI.

J'en étais sûr.

DUMÈGE.

Voyez-vous, le fat!

HENRI.

Je te connais si bien, que j'avais compté d'avance, non-seulement sur ton pardon, mais sur ta complicité.

DUMÈGE.

Ma complicité! A quoi diable pourrait-elle te servir en pareille affaire?

HENRI.

A renverser les obstacles qui s'opposent à mon **mariage.**

DUMÈGE.

Il n'y en a pas. Tu es agréé par la famille.

HENRI.

Moi? On vient de me mettre à la porte.

DUMÈGE.

Qui donc?

HENRI.

La grand'mère, une femme absurde et **terrible.**

DUMÈGE.

Ah! il y a une grand'mère?

HENRI.

Tu l'ignorais?

DUMÈGE.

Son oncle ne m'en avait rien dit.

HENRI.

Elle a donc un oncle?

DUMÈGE.

Comment? Tu ne sais donc pas que son **tuteur est en même** temps son oncle?

HENRI.

Je ne savais même pas qu'elle eût un **tuteur.**

DUMÈGE.

Ah çà, de quoi et de qui parlons-nous?

HENRI.

N'est-il pas bien entendu que nous parlons de mon **mariage?**

DUMÈGE, *l'interrompant.*

Oui, avec mademoiselle...

HENRI, *l'interrompant à son tour.*

Adèle...

DUMÈGE, *interrompant encore.*

Athénaïs, tu veux dire.

HENRI, *vivement.*

Adèle, te dis-je, Adèle...

DUMÈGE.

C'est mademoiselle Desperriers que tu **aimes?**

HENRI.

Il y a une heure que je te le dis.

DUMÈGE.

Ah! malheureux!

HENRI.

Quoi donc?

DUMÈGE.

Il y a une heure, moi, j'ai demandé, comme nous en étions convenus, et j'ai obtenu pour toi la main de mademoiselle Beaudrillo.

HENRI.

O mon Dieu! Comment faire?

DUMÈGE.

J'ai donné ma parole.

HENRI.

Et moi mon cœur.

DUMÈGE.

Sans retour?

HENRI.

Pour la vie.

DUMÈGE.

Je suis perdu.

HENRI.

Perdu?

DUMÈGE.

Que peut-il arriver de pis qu'une infraction à l'honneur?

HENRI.

Ton honneur, à toi, compromis par ma faute!

DUMÈGE.

Puisque le mal est fait, que ce soit de ta faute ou de la mienne, qu'importe?

HENRI.

Il importe à ma conscience d'honnête homme autant qu'à ma tendresse filiale, il importe que ce ne soit pas le père innocent qui paye pour le fils coupable. Te sacrifier, quand c'est à moi d'expier! Non, mon père. Etourderie ou fatuité, appelle cela comme tu voudras, j'ai commis une folie en acceptant ce mariage les yeux fermés; il est juste que j'en porte la peine. Si je me suis trompé sur l'état de mon cœur, tant pis pour moi! Pouvais-tu deviner ce qui se passait en moi, quand je l'ignorais moi-même? Pouvais-tu prévoir qu'en une heure, qu'en un inslant, je changerais de pensée, de sentiment, de nature, et que mon indifférence te reviendrait subitement transformée en passion ? C'est une fatalité dont je dois supporter seul tout l'accablement. Et j'aurai le courage de réparer mon imprudence.

DUMÈGE.

Au prix de ton bonheur ?

HENRI.

Qu'il m'en coûte la vie plutôt qu'à toi l'honneur !

DUMÈGE.

Eh ! n'était-ce pas à moi d'avoir pour toi la raison qui te manque nécessairement ! Où l'aurais-tu prise à ton âge ? Comment pourrais-tu connaître la vie, toi qui n'as pas eu le temps de vivre ? L'expérience est le devoir des pères, comme la confiance est celui des enfants.

HENRI.

Tu m'as averti.

DUMÈGE.

Je devais t'empêcher.

HENRI.

Calme-toi, je t'en supplie.

DUMÈGE.

Que dirait ta mère, dont la vie n'a été qu'une longue effusion de tendresse et de dévouement ; ta mère, dont le souvenir sanctifie ma maison ! que dirait-elle, si je te laissais près de moi souffrir à cause de moi ?

HENRI.

Et que dirait-elle, si je dégradais ce nom que vous avez tous deux porté, toi comme une couronne, elle comme une auréole ?

DUMÈGE.

Et l'autre ?

HENRI, *se cachant le visage dans les mains.*

Adèle !

DUMÈGE.

As-tu le droit, auras-tu le courage de l'immoler dans le sacrifice que tu prétends faire de toi-même ?

HENRI.

Aie pitié de moi, mon père. Pourquoi me montrer toute l'horreur d'une situation sans issue ? pourquoi retourner le fer dans la plaie, puisque tu ne peux me sauver ?

DUMÈGE.

Peut-être.

HENRI.

Que veux-tu dire ?

DUMÈGE.

J'ai demandé, j'ai exigé le consentement propre, le consentement formel de mademoiselle Beaudrille.

HENRI, *avec joie.*

Elle refusera.

DUMÈGE.

Oh ! ce n'est pas là-dessus que je compte.

HENRI.

Sur quoi donc ?

DUMÈGE.

Sur un hasard, non, sur un miracle : je ne veux pas être ingrat d'avance. Qui sait ? arrêté, retardé par quelque accident imprévu, le capitaine n'a peut-être pas revu sa nièce encore, et je cours… (*Il fait un pas vers le fond.*)

HENRI, *le suivant.*

Allons !

DUMÈGE, *l'arrêtant.*

Non. Ta présence, inutile à coup sûr, pourrait être dangereuse. Reste, et laisse-moi faire.

HENRI.

Va, mon père. Je vous laisse, à Dieu et à toi, le soin de ma des idée. Ta probité m'a conservé une chance de salut : sa bonté fera le reste. (*Il sort à droite.*)

SCENE IV.

DUMÈGE, *seul.*

Arriverai-je à temps ? (*Il se dirige à grands pas vers la porte du fond, et rencontre Chavarot qui entre solennellement. une boîte de pistolet dans la main droite, une paire d'épées sous le bras gauche. Une casquette de chasse complète l'étrangeté de son ajustement.*)

SCENE V.

DUMÈGE, CHAVAROT.

CHAVAROT, *d'une voix menaçante.*

J'ai l'honneur de vous saluer, monsieur.

DUMÈGE, *riant.*

Eh ! bon Dieu ! Chavarot, comme vous voilà équipé en guerre !

CHAVAROT, *toujours du même ton.*

Il n'y a pas de quoi rire, monsieur.

DUMÈGE, *riant plus fort.*

Que signifient donc cet appareil militaire et ces airs tragiques ?

CHAVAROT.

Mon ami vous le dira.

DUMÈGE.

Quel ami ?

CHAVAROT.

Mon vaillant ami, le capitaine Beaudrille, que je vous annonce. (*Entre Beaudrille à la façon d'un ouragan.*)

SCENE VI.

BEAUDRILLE, DUMÈGE, CHAVAROT.

BEAUDRILLE.

Me voilà !

DUMÈGE, *reprenant tout à coup son sérieux,*

Déjà !

CHAVAROT, *à part.*

Il ne rit plus ! (*Il dépose sur la table sa casquette et ses armes.*)

BEAUDRILLE,

Nous ne perdrons pas de temps, j'ai trouvé le bon endroit, au bord de la rivière ; et je vous mènerai par un petit chemin où il n'y aura pas de cailloux, soyez tranquille.

DUMÈGE.

Je le suis.

CHAVAROT, *à part,*

Est-ce qu'il n'aurait pas peur ?

DUMÈGE.

Mais je ne comprends pas très-bien ce que vous me faites l'honneur de me dire.

CHAVAROT.

Monsieur, nous venons, mon ami et moi, vous sommer de tenir votre parole.

DUMÈGE.

Vous, monsieur ! à quel titre ?

CHAVAROT.

Comme conseil, si l'on discute ; comme témoin, si l'on se bat. Mais j'aime mieux qu'on discute.

BEAUDRILLE.

Chacun son caractère : moi j'aime mieux qu'on se batte.

DUMÈGE.

Et pourquoi se battrait-on ?

BEAUDRILLE.

Chavarot m'a conté toute l'histoire.

CHAVAROT.

Oui, monsieur, je me suis fait un devoir de révéler à mon honorable ami l'étrange conduite de monsieur votre fils.

BEAUDRILLE.

Qui faisait la cour à la future de Chavarot, pendant que vous me demandiez pour lui la main de ma nièce.

DUMÈGE.

Je doute alors que mademoiselle Beaudrille consenta à épouser un homme qu'elle sait amoureux d'une autre femme.

CHAVAROT.

Elle n'en sait rien.

DUMÈGE.

Il faudra bien qu'elle le sache.

CHAVAROT.

C'est inutile.

DUMÈGE.

Je suis d'un avis contraire.

BEAUDRILLE.

Eh bien ! on lui dira tout en bloc.

DUMÈGE.

Vous ne lui avez donc rien dit encore ?

BEAUDRILLE.

J'avais bien d'autres chiens à fouetter.

DUMÈGE.

Ah ! je respire !

CHAVAROT, *à part, en regardant Beaudrille.*

Aussi maladroit que brutal !

DUMÈGE.

J'avais mis dans mes conditions que mademoiselle Beaudrille serait expressément consultée.

CHAVAROT.

On va la consulter tout de suite, et je ne doute pas de son consentement.

DUMÈGE.

J'ai meilleure opinion d'elle, monsieur. Il est donc inutile de pousser plus loin une affaire désormais sans issue.

BEAUDRILLE.

Il faudra pourtant bien qu'elle en ait une,

DUMÈGE,

La seule manière d'en sortir, c'est de revenir franchement sur nos pas.

BEAUDRILLE,

Vous saurez, monsieur, que je ne recule jamais.

DUMÈGE.

Moi, monsieur, quand je me suis trop avancé, je recule toujours.

CHAVAROT, *à part.*

Je m'attendais à la reculade.

DUMÈGE.

Lorsqu'un honnête homme a commis une faute, ce qu'il a de mieux à faire, monsieur, c'est de la reconnaître et de la réparer.

BEAUDRILLE.

Voyons un peu la réparation.

DUMÈGE.

Si pénible que puisse être à mon âge l'aveu d'une étourderie, je n'hésite pas à reconnaître que j'ai agi avec une précipitation regrettable et déjà regrettée. Je vous prie donc, monsieur, d'oublier cette fausse démarche et d'agréer mes excuses.

BEAUDRILLE.

Des excuses ? à moi ! de petites excuses ! Ah ! ah ! vous me connaissez bien.

DUMÈGE.

C'est tout ce que peut exiger un homme raisonnable et tout ce que peut offrir un homme de cœur.

BEAUDRILLE.

A d'autres ! Moi je ne me nourris pas de viande creuse, et je veux du positif.

CHAVAROT, *à part.*

A la lanterne !

DUMÈGE.

Prenez garde, monsieur.. En insistant davantage, vous donneriez à supposer que vous tenez moins à bien marier votre nièce qu'à vous en débarrasser, vaille que vaille.

BEAUDRILLE.

Il ne s'agit pas de tout ça Vous m'avez dit que votre fils épousait ma nièce, et il l'épousera, de gré ou de force.

DUMÈGE.

Quoi ! traîner les gens à l'autel par le collet ! La prétention me semble étrange et le procédé violent.

CHAVAROT.

En fait de mariage, toute promesse est moralement obligatoire et ne souffre ni discussion ni retard.

DUMÈGE.

Pourquoi donc alors n'épousez-vous pas la demoiselle à qui vous aviez engagé votre parole ?

BEAUDRILLE.

Mais il l'épouse.

CHAVAROT.

Je l'épouse !

DUMÈGE.

Je ne parle point de mademoiselle Desperriers, à qui vous ne devez rien, qui vous connaît à peine et vous aime encore moins. C'est de l'autre que je parle ?

BEAUDRILLE.

Quelle autre ?

CHAVAROT.

Il n'y en a pas d'autre.

DUMÈGE.

Et cette jeune fille que vous avez séduite ?

CHAVAROT.

Je n'ai jamais séduit personne.

BEAUDRILLE.

Quant à ça, je l'en déclare incapable. Qui diable voulez-vous qui se laisse séduire par Chavarot ?

CHAVAROT, *à part.*

J'ai fait alliance avec un ours.

DUMÈGE.

Comment ! vous ne vous rappelez pas m'avoir raconté, ce matin même, qu'il y a...

CHAVAROT, *vivement.*

C'est faux !

DUMÈGE.

Quoi ?

CHAVAROT.

Ce que vous allez dire.

DUMÈGE.

Vous le savez donc ?

CHAVAROT.

Quoi ?

DUMÈGE.

Ce que je vais dire.

CHAVAROT.

Comment voulez-vous que je le sache ?

DUMÈGE.

Alors pourquoi ce démenti préventif ?

CHAVAROT.

Pour prévenir tous les cancans possibles.

DUMÈGE.

Des cancans ? Vous jugez sévèrement vos paroles, dont je ne suis que l'écho.

BEAUDRILLE, *passant au milieu.*

Cancan ou non, je vous déclare, moi ! que tous ces commérages-là ne font pas mon compte. Espérez-vous, par hasard, vous tirer d'affaire en cherchant querelle à Chavarot ? Ce serait trop commode.

CHAVAROT, *à part.*

Si on pouvait me tuer mon ami !

BEAUDRILLE.

Oh ! que non pas, s'il vous plaît, monsieur le docteur ! C'est à moi, c'est au capitaine Beaudrille en personne, qu'il s'agit de répondre expéditivement et catégoriquement.

DUMÈGE.

Je suis prêt à répondre de toute façon à monsieur le capitaine Beaudrille en personne.

CHAVAROT, *à part.*

Est-ce qu'il prétendrait se rebiffer ?

BEAUDRILLE.

Votre fils épousera-t-il ma nièce, oui ou non ?

DUMÈGE.

Non.

CHAVAROT.

Non !

BEAUDRILLE.

Non ?

DUMÈGE.

Non, non, et non.

BEAUDRILLE, *enfonçant son chapeau sur sa tête.*

Morbleu ! Corbleu ! Ventrebleu !

DUMÈGE, *mettant tranquillement son chapeau.*

Monsieur, on ne jure pas ici. Ma maison n'est pas une taverne.

CHAVAROT, *à part.*

Mais c'est qu'il n'a pas peur du tout.

BEAUDRILLE.

Il faut donc en finir. Et vous allez me passer par les mains tous les deux, à commencer par ce petit drôle.

DUMÈGE.

Mon fils un drôle ! Je vous en demande bien pardon, mais c'est vous qui êtes un butor.

BEAUDRILLE, *regardant Chavarot de travers.*

Hein ?

CHAVAROT, *tremblant.*

Ce n'est pas moi qui l'ai dit.

DUMÈGE.

J'ai supporté patiemment pour mon compte vos grossièretés

et vos rodomontades : mais insulter mon fils devant moi ! sur ce chapitre-là, monsieur, je n'entends pas raillerie ; et pour un peu, je vous jetterais par la fenêtre.

CHAVAROT, *à part.*

Oser dire en face de pareilles choses à un pareil homme !

BEAUDRILLE.

Mais vous ne savez donc pas, malheureux, à quel homme vous avez affaire ?

DUMÈGE.

Parce que vous avez tué feu le capitaine Voisin sous un réverbère ? Qu'en sais-je ? et qu'est-ce que cela me fait ? Je suis médecin, si vous êtes duelliste, et je ne demande pas mieux que de vous disséquer tout vif.

BEAUDRILLE.

Fort bien, monsieur : je suis l'offensé, j'ai le choix des armes, et je choisis le sabre.

DUMÈGE.

Ah !

BEAUDRILLE.

Oui.

DUMÈGE.

Pourquoi donc avoir apporté ces épées et ces pistolets ?

CHAVAROT, *à part.*

Tiens, au fait ?

BEAUDRILLE.

Monsieur, je n'ai pas de comptes à vous rendre, et je veux me battre au sabre.

DUMÈGE.

Va donc pour le sabre ! c'est un instrument comme un autre, et je pratique toutes les chirurgies.

CHAVAROT, *à part.*

Fiez-vous donc aux médecins !

DUMÈGE.

Marchons !

BEAUDRILLE.

Où voulez-vous aller ?

DUMÈGE.

Au bon endroit que vous avez trouvé, sur le bord de la rivière.

BEAUDRILLE.

Ah çà ! décidément, vous êtes donc féroce ?

DUMÈGE.

Ah çà ! décidément, vous ne l'êtes donc pas ?

BEAUDRILLE.

Monsieur, j'ai fait mes preuves.

DUMÈGE.

De quoi ?

BEAUDRILLE.

De courage, parbleu !

DUMÈGE.

Il y en a de tant d'espèces !

CHAVAROT, *à part.*

Mais, Dieu me pardonne ! c'est l'autre qui a peur.

BEAUDRILLE.

Il est pourtant bien vrai que j'ai tué le capitaine Voisin.

DUMÈGE.

En êtes-vous sûr ?

BEAUDRILLE.

On m'a toujours dit qu'il en était mort.

DUMÈGE.

On vous a trompé.

BEAUDRILLE.

Vous croyez ?

DUMÈGE.

J'en répondrais ; et si vous en doutez encore...

BEAUDRILLE, *l'interrompant.*

L'affaire est arrangée : n'en parlons plus, cher docteur, et touchez-là. (*Il tend la main à Dumège qui le salue gravement, sans répondre à ses avances.*) Vous êtes un brave.

CHAVAROT.

Ah ! le bon brevet ! sans garantie du gouvernement.

BEAUDRILLE.

Ah ! Chavarot, entre amis !

CHAVAROT.

Moi, votre ami ! Je ne suis pas l'ami d'un faux brave.

BEAUDRILLE.

Je l'étais bien, moi, d'un vrai poltron.

CHAVAROT.

Quoi que je sois, monsieur, je suis naïvement, honnêtement ce que je suis. Je ne trompe personne, je ne fais de tort à personne, je ne fais peur à personne.

BEAUDRILLE.

Je le crois bien !

CHAVAROT.

Tandis que vous, monsieur, vous pratiquez la plus abominable de toutes les hypocrisies, la plus honteuse pour soi-même, la plus funeste pour autrui, le mensonge du courage. Comment ! capitaine de contrebande, vous m'amenez ici pour être votre témoin, et voilà ce que vous me faites voir ! Vous menez dans le monde un pareil tapage, et vous n'avez pas seulement tué le capitaine Voisin ! c'est une infamie ! Vous méritez une leçon, et je me charge de vous la donner.

BEAUDRILLE.

Vous !

CHAVAROT, *passant au milieu.*

Moi, ferrailleur manqué ! Et si vous n'êtes pas content, je me mets à votre disposition.

BEAUDRILLE.

Le coup de pied de l'âne au lion blessé !

CHAVAROT.

Blessé ! par quel hasard ? ô lion pacifique !

DUMÈGE, *à Chavarot.*

Voilà, en effet, un étrange procédé, monsieur. De quoi vous mêlez-vous ? et de quel droit osez-vous maltraiter en ma présence un homme qui ne vous a rien fait, à vous ?

CHAVAROT.

Il ne m'a rien fait ? voilà six ans qu'il me fait peur.

DUMÈGE.

Six ans !

BEAUDRILLE, *à Dumège.*

Ce n'est pas vrai, monsieur : je l'ai revu aujourd'hui pour la première fois depuis...

CHAVAROT, *l'interrompant.*

En voilà assez, monsieur ! Laissons là ces misères.

BEAUDRILLE.

Ah ! ça vous déplaît que je le dise ? Eh bien, je le répète : je ne vous avais jamais rencontré depuis les Eaux d'Aix.

DUMÈGE.

Les Eaux d'Aix !

CHAVAROT, *à part.*

Ouf !

BEAUDRILLE, *se frottant les mains.*

Attrape !

DUMÈGE.

Voilà donc, monsieur, le secret de vos manœuvres !

CHAVAROT.

Ce n'est pas ma faute, monsieur, j'étais de bonne foi.

DUMÈGE.

Vous, de bonne foi !

CHAVAROT.

Sans doute. J'avais la naïveté de prendre au sérieux cette apparence de tranche-montagne, ce croquemitaine de carton, (*il signe Beaudrille*) que voilà !

BEAUDRILLE.

Bagasse !

DUMÈGE.

Singulière justification !

CHAVAROT.

C'est tout simple, hélas ! je craignais d'être massacré.

DUMÈGE.

Et vous trouviez plus commode de me faire massacrer à votre place, n'est-il pas vrai ?

BEAUDRILLE.

Oui, monsieur. C'est lui qui m'a poussé contre vous ; et, si j'avais suivi ses conseils, nous nous serions coupé la gorge ensemble.

CHAVAROT.

Non, monsieur. Ce n'était qu'un moyen d'intimidation concerté entre nous, pour faire épouser à monsieur votre fils... (*Il hésite.*)

DUMÈGE, *éclatant.*

Qui ? votre ancienne maîtresse !

BEAUDRILLE, *abasourdi.*

Oh !

DUMÈGE, *atterre.*

Malheureux ! qu'ai-je dit ?

BEAUDRILLE.

Deshonorée par un pareil cuistre !

DUMÈGE, *allant à Beaudrille.*

Rassurez-vous, monsieur, et pardonnez-moi. Je réparerai ma sottise en obligeant monsieur à réparer sa trahison.

CHAVAROT.

Vous !

DUMÈGE.

Oui, monsieur. Je prends fait et cause pour la femme que j'ai involontairement compromise contre l'homme qui l'a volontairement perdue.

CHAVAROT.

Vous n'avez pas le droit d'intervenir dans cette affaire. Vous n'êtes pas le parent de la demoiselle.

DUMÈGE.

C'est un droit pour tous les gens de cœur de défendre une femme outragée par un homme.

CHAVAROT.

Monsieur, je ne vous crains pas. J'ai déjà refusé un duel à monsieur votre fils, qui est plus redoutable que vous. Si vous aviez le malheur de m'attaquer, soit en actions, soit en paroles, je vous traduirais immédiatement en police correctionnelle.

DUMÈGE.

Et moi je vous traînerai devant le tribunal de l'opinion publique.

CHAVAROT.

Où siége-t-il ?

DUMÈGE.

Monsieur Chavarot, je n'aime pas les gros mots, mais je vous conseille de sortir d'ici.

BEAUDRILLE.

Très-bien !

CHAVAROT, *passant à droite.*

Au revoir, messieurs, quand vous voudrez. (*Prenant sa casquette et son chapeau que Henri a laissé sur la table.*) Je reprends mon bien et je rentre chez moi. Là, dans mon domicile, sous la protection des lois, j'attends tout le monde de pied ferme. (*Il se dirige vers la porte du fond ; puis il se retourne vers Beaudrille, qui feint de le poursuivre*). Bagasse ! (*Il sort triomphalement.*)

SCÈNE VII.

DUMÈGE, BEAUDRILLE.

DUMÈGE.

Monsieur, dites à mademoiselle votre nièce qu'elle peut compter sur mon entier dévouement.

BEAUDRILLE.

C'est convenu, cher docteur : nous la ferons épouser à cet infirme, ou, mille morts ! nous lui couperons les oreilles. (*Il sort avec de grandes salutations, emportant ses épées et ses pistolets.*)

SCÈNE VIII.

DUMÈGE, *seul.*

Voilà deux braves gens, qui feront ensemble une belle parenté ! Quand je pense... (*Appelant.*) Henri ! Henri ! (*Se parlant à lui-même.*) Ah ! mons Chavarot, vous prétendiez nous en faire porter le votre façon ? nous vous en donnerons, nous autres, à garder. Nous vous attacherons vivant, et pour la vie, au spectre de votre bonne fortune. Nous ferons de vous, malgré vous, un honnête homme. Quelle vengeance et quelle métamorphose ! Il ne se reconnaîtra pas lui-même.

SCÈNE IX.

DUMÈGE, HENRI.

HENRI.

Eh bien ! mon père ?

DUMÈGE.

Nous sommes sauvés.

HENRI.

Sauvés !

DUMÈGE.

Et vengés. C'est Chavarot qui épousera sa... ta future.

HENRI.

Si j'épousais la sienne ?

DUMÈGE.

Tu lui dois cette compensation : il te doit cette revanche. Je vais me mettre sous les armes, en habit de gala, et nous irons ensemble livrer bataille à la terrible grand'mère. (*Il sort à droite.*)

SCÈNE X.

HENRI, *seul.*

Mon pauvre bon père ! le voilà fou de ma joie, comme il l'était de mon chagrin.

SCÈNE XI.

HENRI, NANON.

NANON, *appelant du dehors.*

Monsieur Henri !

HENRI, *ouvrant la porte de gauche.*

Par ici, Nanon,

NANON, *entrant.*

Vite, vite, monsieur ! le feu est aux étoupes, les chevaux sont à la voiture ; et nous sommes perdus, si nous tardons une minute.

HENRI.

Que se passe-t-il ?

NANON.

Je vous le dirai en route.

HENRI.

Qu'allons-nous faire ?

NANON.

Des tours de force.

HENRI.

En avant, donc !

NANON.

A la grâce de Dieu ! (*Ils sortent en courant.*)

ACTE V.

Le salon de l'Établissement. — Trois grandes portes, l'une au fond, les deux autres à droite et à gauche.

SCENE PREMIÈRE.

CHAVAROT, Mme DESPERRIERS.

Mme DESPERRIERS.

Chavarot, nous vous attendons.

CHAVAROT.

Mademoiselle Adèle consent donc à nous suivre en Italie ?

Mme DESPERRIERS.

Puisque je le veux !

CHAVAROT.

Eh ! qui pourrait vous résister ?

Mme DESPERRIERS.

Peut-être en partant la verrez-vous pleurer un peu, pour la forme.

CHAVAROT.

Chagrin de jeune fille !

Mme DESPERRIERS.

Chagrin de pensionnaire !

CHAVAROT.

Nous la consolerons. Je ne regarde pas à la dépense.

Mme DESPERRIERS.

Homme généreux ! A force de vous voir, et ne voyant que vous, elle finira par vous aimer.

CHAVAROT.

Et nous pourrons nous marier à notre aise, loin des curieux et des importuns, en gens comme il faut, à Rome !

Mme DESPERRIERS.

Sous la coupole de Saint-Pierre !

CHAVAROT.

Je vais donc m'enivrer d'amour, sous le beau ciel de l'Ausonie !

Mme DESPERRIERS.

Je verrai donc, avant de mourir, la terre classique des beaux arts !

CHAVAROT.

Italiam ! Italiam !... Avez-vous fait vos malles ?

Mᵐᵉ DESPERRIERS,

Depuis une heure.

CHAVAROT.

Veuillez donc les faire charger. La voiture doit être chez vous.

Mᵐᵉ DESPERRIERS.

Déjà?

CHAVAROT.

A tout risque, pour ne pas perdre de temps, j'ai donné l'ordre au postillon d'aller m'attendre à votre porte.

Mᵐᵉ DESPERRIERS.

Très-bien! Partons.

SCÈNE II.

UN DOMESTIQUE, CHAVAROT, Mᵐᵉ DESPERRIERS.

LE DOMESTIQUE, *présentant un papier à Chavarot.*
Monsieur, voilà votre note.

CHAVAROT, *s'arrêtant.*
Je l'aurais oubliée. — Voulez-vous permettre, madame?

Mᵐᵉ DESPERRIERS, *lui quittant le bras.*
Faites vos affaires, mon gendre. Pendant ce temps-là, moi, je vais mettre ma petite-fille en voiture.

CHAVAROT.
Je ne tarderai pas à vous joindre, grand'maman. (*Il baise la main de madame Desperriers qui sort, par la droite, en lui faisant de petits signes d'amitié.*)

SCÈNE III.

LE DOMESTIQUE, CHAVAROT.

CHAVAROT, *examinant la note.*
Voyons un peu cette note. « Logement... cinq journées... cinq déjeuners et cinq dîners... » Comme c'est cher, tout ça! « Une bougie... un franc!... » un franc, une bougie?

LE DOMESTIQUE.
Monsieur, les mouches à miel ne travaillent plus.

CHAVAROT.
Total... trente-trois francs cinquante. C'est énorme!

LE DOMESTIQUE.
Oh! monsieur!

CHAVAROT.
Je vous dit que c'est énorme. Enfin! (*Il remet de l'argent au domestique.*) Voilà.

LE DOMESTIQUE, *tendant la main.*
J'espère que monsieur n'oubliera pas le garçon?

CHAVAROT.
Avez-vous transmis mes ordres au postillon?

LE DOMESTIQUE.
Oui, monsieur.

CHAVAROT.
C'est bien.

LE DOMESTIQUE, *tendant la main.*
J'espère que monsieur n'oubliera pas...

CHAVAROT.
Vous avez porté ma valise dans la voiture?

LE DOMESTIQUE.
Oui, monsieur, la valise et le grand portefeuille.

CHAVAROT.
Mon portefeuille aussi?

LE DOMESTIQUE.
Oui, monsieur.

CHAVAROT.
Qui vous en a prié?

LE DOMESTIQUE.
La domestique de cette dame.

CHAVAROT.
Quelle domestique de quelle dame?

LE DOMESTIQUE.
La femme de chambre de madame Desperriers, **mademoiselle** Nanon.

CHAVAROT.
Nanon!

LE DOMESTIQUE, *tendant la main.*
J'espère que monsieur...

CHAVAROT.
Animal! Livrer à des étrangers un portefeuille qui contient ma fortune!

LE DOMESTIQUE.
Monsieur, j'ai cru bien faire.

CHAVAROT.
Moi, je vous ferai payer tout ce que j'aurai perdu.

LE DOMESTIQUE.
Voilà de beaux profits! (*Il sort par la gauche.*)

SCÈNE IV.

CHAVAROT, *seul.*
Mes papiers entre les mains de Nanon! Je n'ai pas un instant à perdre. (*Il s'élance vers la porte du fond.*)

SCÈNE V.

CHAVAROT, ATHÉNAÏS.

ATHÉNAÏS, *barrant le passage à Chavarot.*
Pardon, monsieur.

CHAVAROT, *se dirigeant vers la porte de droite.*
Pardon, mademoiselle.

ATHÉNAÏS.
Restez ou je vous suis.

CHAVAROT, *à part.*
Diable!

ATHÉNAÏS.
Il faut absolument que je vous parle.

CHAVAROT.
Plus tard, si vous le voulez bien.

ATHÉNAÏS.
A l'instant.

CHAVAROT.
Je ne vous demande qu'une heure.

ATHÉNAÏS.
Pas une minute. Je sais tout.

CHAVAROT.
C'est ce qu'on dit quand on ne sait rien et qu'on veut savoir quelque chose.

ATHÉNAÏS.
Je sais que vous devez partir.

CHAVAROT, *voulant s'en aller.*
Vous devez comprendre alors que je suis pressé.

ATHÉNAÏS, *le retenant.*
Je sais que vous voulez vous marier.

CHAVAROT.
C'est un désir si naturel!

ATHÉNAÏS.
Je sais enfin qu'après m'avoir trompée, vous m'avez compromise.

CHAVAROT.
Vous avez encore autre chose, puisque vous savez tout.

ATHÉNAÏS.
Quoi?

CHAVAROT.
Vous savez que je ne suis pas ruiné, malgré les affirmations de mon agent de change, et c'est à cette découverte, j'imagine, que je dois l'honneur du présent entretien.

ATHÉNAÏS.
Non, monsieur. Ce n'est pas une fortune que je viens vous demander, c'est un nom.

CHAVAROT.
Le mien, peut-être?

ATHÉNAÏS.
Quel autre?

CHAVAROT.
Celui que vous voudrez : avec soixante mille francs, on a du choix.

ATHÉNAÏS.
Comment voulez-vous que je me marie?

CHAVAROT.
En chapeau.

ATHÉNAÏS.
Prenez garde. Je n'ai plus rien à ménager, et je ne vous ménagerai pas.

CHAVAROT.
Qu'ai-je à craindre?

ATHÉNAÏS.

La vengeance de ma famille et de mes amis.

CHAVAROT.

Je ne crois plus au capitaine Voisin.

ATHÉNAÏS.

Croyez-vous au docteur Dumège ?

CHAVAROT.

C'est selon.

ATHÉNAÏS.

Vos doutes ne seront pas longs : c'est à lui que vous aurez d'abord affaire.

CHAVAROT.

Dieu merci ! je me porte bien, et ne redoute les médecins que quand je suis malade.

ATHÉNAÏS.

Vous n'étiez pas si fier ce matin.

CHAVAROT.

C'est que ce matin j'avais le droit contre moi, et qu'à cette heure je l'ai pour moi.

ATHÉNAÏS.

Quel droit ?

CHAVAROT.

Le droit écrit : je n'en connais pas d'autres. Et j'ai rattrapé mes lettres.

ATHÉNAÏS.

Ah ! vous me payerez celle-là, monsieur Chavarot, et vous me la payerez cher.

CHAVAROT.

Vous comptez donc toujours m'épouser ?

ATHÉNAÏS.

Ou vous détruire.

CHAVAROT.

Lequel préférez-vous ?

ATHÉNAÏS.

Peu m'importe. De manière ou d'autre je serai vengée.

CHAVAROT.

Moi je le suis.

ATHÉNAÏS.

Au revoir.

CHAVAROT.

Adieu. (*Athénaïs sort.*) J'en ai donc fini avec les Atrides !

SCÈNE VI.

CHAVAROT, Mme DESPERRIERS.

Mme DESPERRIERS, *venant de la droite.*

Ah çà, qu'est-ce que vous me dites donc, Chavarot, de cette voiture qui m'attend à ma porte ?

CHAVAROT.

Vous ne l'avez pas trouvée, madame ?

Mme DESPERRIERS.

Je n'ai rien trouvé, ni personne.

CHAVAROT.

Ah ! diable !

Mme DESPERRIERS.

Je ne sais même pas, de cette affaire-là, ce qu'est devenue ma petite-fille.

CHAVAROT.

Et mon portefeuille !... et Nanon !... Il faut que je la rattrape morte ou vive ! (*Il sort précipitamment par la droite.*)

SCÈNE VII.

Mme DESPERRIERS, *seule.*

Qu'est-ce qu'il a donc, monsieur Chavarot ? Et que se passe-t-il ? Est-ce que tout le monde aurait perdu la tête ?

SCÈNE VIII.

DUMÈGE, *venant du fond*, Mme DESPERRIERS.

Mme DESPERRIERS.

Vous n'avez pas vu ma petite-fille, monsieur ?

DUMÈGE.

Non madame. Avez-vous vu mon fils ?

Mme DESPERRIERS.

Votre fils ! j'espère bien ne jamais le revoir.

DUMÈGE.

Qu'a-t-il donc fait, madame, pour encourir votre disgrâce ?

Mme DESPERRIERS.

Ce qu'il a fait ? Il a fait danser ma petite-fille malgré elle, et il est entré chez moi malgré moi.

DUMÈGE.

Madame, ce ne sont pas là de grands crimes.

Mme DESPERRIERS.

Ce sont au moins de grandes inconvenances.

DUMÈGE.

Oh ! des étourderies seulement. Et les étourderies, excusables quand elles viennent de la jeunesse, prennent quelque chose de respectable et d'attendrissant quand elles viennent de l'amour. Elles ne sont plus alors que les explosions du cœur : qui pourraient-elles blesser ?

Mme DESPERRIERS.

Veuillez donc m'excuser, monsieur, si j'interromps cette intéressante discussion ; mais j'ai à terminer quelques préparatifs de voyage.

DUMÈGE.

Vous partez, madame ?

Mme DESPERRIERS.

Dans un instant, pour l'Italie.

DUMÈGE.

Il faut donc m'expliquer sans détour.

Mme DESPERRIERS.

Et surtout sans délai.

DUMÈGE.

Des circonstances imprévues, en rapprochant brusquement nos deux familles, viennent de confondre nos plus graves et nos plus chers intérêts.

Mme DESPERRIERS.

En quoi et comment ?

DUMÈGE.

Nos enfants s'aiment, madame.

Mme DESPERRIERS.

Je connais cette histoire et n'en crois pas une virgule.

DUMÈGE.

Libre à vous, madame, d'interpréter à votre gré les sentiments de votre petite-fille. Quant à mon fils, un mot vous prouvera la sincérité de son affection. Je viens en son nom, madame, vous demander la main de mademoiselle Adèle Desperriers.

Mme DESPERRIERS.

Pour couper court à un entretien inutile, je n'ai, monsieur, qu'un mot à vous dire. La main de mademoiselle Desperriers est promise.

DUMÈGE.

Mais non donnée, Dieu merci !

Mme DESPERRIERS.

Et les engagements pris, les comptez-vous pour rien ?

DUMÈGE.

On ne peut engager que soi-même, madame. Tout engagement contracté pour autrui est une usurpation de sa liberté.

Mme DESPERRIERS.

Monsieur, je n'entends rien à la politique.

DUMÈGE.

Madame, je vous parle sérieusement, avec une émotion profonde, en honnête homme, en père de famille. Il est encore temps de réparer une erreur involontaire. Mais hâtez-vous, madame, ou vous auriez à regretter pour votre petite-fille un mauvais mariage, un mariage indigne d'elle.

Mme DESPERRIERS.

Pourquoi mauvais ? pourquoi indigne ?

DUMÈGE.

Parce qu'il consacrerait une trahison.

Mme DESPERRIERS.

Quelque peccadille de jeunesse, sans doute ? Le grand mal ! vous et moi, nous connaissons le monde : il faut bien que les jeunes gens s'amusent.

DUMÈGE.

C'est un étrange amusement, madame, que d'abandonner une jeune fille après l'avoir séduite !

Mme DESPERRIERS.

Pourquoi s'est-elle laissée séduire? la sotte! Tant pis pour elle!

DUMÈGE.

Il faut être indulgent, madame, pour une orpheline.

Mme DESPERRIERS.

J'en suis bien fâchée; mais cela ne me regarde pas. Chacun ses affaires dans ce monde. Je n'ai à répondre que de ma petite-fille, et j'ai bien assez à m'occuper de son établissement.

DUMÈGE.

Eh bien! c'est pour elle, c'est pour vous, pour le bonheur de son avenir, pour le repos de votre vieillesse, que je vous prie, madame, que je vous supplie à mains jointes de renoncer à ce funeste projet. Oui, funeste! car elle aurait à pleurer toute sa vie, la pauvre enfant! votre erreur d'un moment, et vous-même vous ne dormiriez plus la nuit, certaine de lui voir chaque matin les yeux rouges de larmes. Et je ne vous parle, madame, ni de mon fils ni de moi.

Mme DESPERRIERS.

Eh! qu'en dire?

DUMÈGE.

De moi, rien : mais de mon fils! Votre petite-fille, madame, est pure, belle et bonne comme un ange, n'est-ce pas? Mariez-les ensemble, et vous aurez un couple bien appareillé.

Mme DESPERRIERS.

Pour la fortune, au moins ; ils n'ont le sou ni l'un ni l'autre.

DUMÈGE.

Ils seront assez riches s'ils sont heureux.

Mme DESPERRIERS.

Encore faut-il vivre. Et de quoi?

DUMÈGE.

De son travail donc, et de ses talents. Croyez-moi, c'est la plus sûre des fortunes, la seule que n'emportent ni les faillites ni les révolutions.

Mme DESPERRIERS.

Et s'il meurt?

DUMÈGE.

S'il mourait, madame, ce que j'ai fait pour ma femme et mon fils, je le ferais pour ma fille et mes petits-enfants.

Mme DESPERRIERS.

Et si vous mourez aussi, vous?

DUMÈGE.

Et si la fin du monde arrive, madame?

Mme DESPERRIERS.

Vous plaisantez!

DUMÈGE.

Que répondre à des arguments pareils? Ayons le soin de l'avenir, je le veux bien, mais non pas la manie. Pourquoi se préoccuper d'éventualités improbables en face de réalités certaines? Pourquoi gémir à l'avance sur des veuves dont les maris futurs se portent à merveille et sur des enfants qui ne naîtront peut-être jamais! On ne vivrait pas, madame, s'il fallait toujours songer à la mort. Aux vivants l'espérance, l'amour, l'activité, la lutte, la vie! à Dieu le reste.

Mme DESPERRIERS.

Ce qui n'empêchera pas l'argent d'être l'argent, un gendre riche de valoir mieux qu'un pauvre, madame Desperriers d'avoir du bon sens, et sa petite fille d'être heureuse en dépit des envieux et des philosophes.

DUMÈGE.

Si le bonheur s'achète, qu'on m'enseigne donc la boutique.

Mme DESPERRIERS, *avec une révérence ironique.*

Votre servante, monsieur.

DUMÈGE.

Eh! ce n'est pas à vous que j'en ai, madame : c'est à nous tous, les gens de ce temps-ci. Nous sommes tous les mêmes ; le souffle empoisonné de l'avidité a desséché les entrailles paternelles. N'ai-je pas voulu moi-même, et je confesse ma faute en me frappant la poitrine, n'ai-je pas voulu un moment sacrifier à je ne sais quels lâches calculs l'existence à peine commencée de mon fils unique? On croit avoir tout dit quand on a dit — l'argent! — et tout fait quand on a fait fortune. Pour soi ou pour les siens, n'importe. On fait aux jeunes gens un bonheur de vieillards. Tant pis pour eux s'ils en rêvent un autre! Viennent-ils à parler d'amour, notre raison superbe prend en pitié

leur folie. Qu'est-ce en effet que l'amour pour nous qui n'aimons plus? Nous savons de bonne part qu'il est mort, le pauvre diable! Ne l'avons-nous pas enterré nous-mêmes, il y a longtemps, sous les ruines de notre jeunesse? — Aveugles que nous sommes! nous croyons le soleil éteint parce que nous ne le voyons plus. — Que voyons-nous, hélas! que sentons-nous? rien ne vit au fond de nos vieilles poitrines; elles sonnent le métal comme des coffres-forts. Cette génération porte un sac d'écus à la place du cœur. Notre vertu n'est qu'hypocrisie, notre sensibilité que grimace. S'agit-il de philanthropie à distance, à l'autre bout du monde? Oh! très-bien! on blâme d'une voix unanime, on proscrit d'enthousiasme, on arrête à coups de canon la traite des nègres; mais l'égoïsme reste à la maison pour y faire, à petit bruit, la traite des blancs. Nous affranchissons nos esclaves et nous vendons nos enfants.

Mme DESPERRIERS.

Qui est-ce qui vend ses enfants?

DUMÈGE.

Nous, les pères et les mères, nous faisons publiquement trafic de notre chair et de notre sang. J'entends dire qu'on mène les jeunes filles dans le monde : c'est au marché qu'on les conduit. On les expose, pauvres brebis sans tache, dans les foires matrimoniales, en guettant de l'œil les acheteurs. On met leur jeunesse à l'encan. — Au plus offrant! Qui la veut? — Moi. — Combien? — Vingt mille francs. — Et vous? — Cent mille. — Adjugée! — Et voilà une femme livrée pour toujours on ne sait à qui! La voilà forcée d'aimer sans cesse un homme qu'elle ne connaît pas, la plupart du temps las de la vie, quand elle en est impatiente; qui répond à la gaieté par l'ennui, à l'enthousiasme par le scepticisme, à la passion par l'indifférence ; qui n'a que des cendres froides pour ce feu qui s'allume ; qui fait une fin, comme l'on dit, quand elle commence! Et l'on viendra s'étonner ensuite de voir les mœurs se corrompre et la sainte chasteté déserter le foyer domestique! Est-ce donc ainsi qu'on prépare les jeunes filles à devenir d'honnêtes femmes? Esprits naïfs, âmes tendres, elles espéraient, elles attendent l'amour : et l'amour, où le trouver? Exilé des ménages, il erre, comme un vagabond, dans la rue, où on l'a mis. Puis, un beau jour, il entre par la fenêtre, dans ces maisons dont on lui a fermé la porte. On s'est occupé d'accoupler les fortunes, et non d'assortir les destinées... Résultat : la discorde, le malheur et la honte. A qui la faute, si ce n'est à ceux qui ont fait du mariage une affaire de commerce, à ceux qui ont chassé le vrai Dieu du sanctuaire pour y installer le Veau d'or? Madame, je vous le dis, ce sont là des choses abominables; et nous ne voudrions, ni vous ni moi, charger notre vieillesse d'une responsabilité qui, tôt ou tard, s'écroule en remords.

Mme DESPERRIERS.

Monsieur, les honnêtes gens n'ont rien à débrouiller avec le remords. Pour ma part, je ne me mêle ni du Veau d'or, ni du commerce des brebis, ni de la traite des nègres. Je vous prie, en conséquence et pour la dernière fois, de vouloir bien retourner à vos affaires et me laisser en paix.

DUMÈGE.

En paix! dites-vous, madame?

Mme DESPERRIERS.

En paix!

DUMÈGE.

Etes-vous donc si tranquille sur le sort de votre fille? Où sont-ils, nos enfants? Qui vous dit qu'ils ne sont pas allés chercher dans la mort un refuge contre le malheur?

Mme DESPERRIERS.

Oh! mon Dieu! C'est affreux, monsieur, ce que vous me racontez là.

DUMÈGE.

Je vous raconte, hélas! une histoire de tous les jours. Les passions contrariées fournissent chaque matin à la presse le récit de quelque nouveau suicide. De pauvres amoureux de vingt ans sont morts parce qu'on les empêchait de vivre à leur guise; et les parents en deuil quittent leurs maisons vides pour suivre des cercueils qu'ils ont remplis. — Ah! si nous avions su! — disent-ils en pleurant. Et l'éternité leur répond : — Vous ne pouvez plus!

SCÈNE IX.

DUMÈGE, Mme DESPERRIERS, NANON, CHAVAROT.

CHAVAROT, *entrant à droite.*

Ah! malheureux que je suis! Ma voiture, mes effets, ma future et mon argent, j'ai tout perdu.

NANON, *entrant par la porte du fond.*

J'ai trouvé!

TOUS LES AUTRES, *ensemble.*

Quoi?

NANON.

Tout.

DUMÈGE.

Les enfants?

Mme DESPERRIERS.

Ma petite-fille?

CHAVAROT.

Mon portefeuille?

NANON.

Le voilà, monsieur, avec tous vos billets de banque. (*Elle remet à Chavarot un portefeuille qu'il examine en détail avec le plus grand soin.*)

DUMÈGE.

Mais les enfants, Nanon! les enfants?

NANON.

Les enfants, monsieur? je les ai enlevés.

Mme DESPERRIERS.

Ensemble?

NANON.

Autrement, madame, où serait le plaisir?

Mme DESPERRIERS.

Et qu'en avez-vous fait, coquine?

NANON.

Je les ai cachés, madame.

Mme DESPERRIERS.

Où?

NANON.

Vous le saurez, madame, quand vous aurez consenti à leur mariage.

DUMÈGE.

Après un tel éclat, madame, il n'y a plus de refus possible.

Mme DESPERRIERS.

Eh! si j'y consentais, ils n'auraient seulement pas de quoi vivre.

NANON.

Si ce n'est que ça qui vous embarrasse?

CHAVAROT, *à Nanon.*

Mes lettres? où sont mes lettres?

NANON, *tirant une lettre de sa poche.*

En voilà une. La reconnaissez-vous?

CHAVAROT.

Ma lettre de Bourbon!

NANON.

Oui, cette fameuse lettre d'outre-mer, qui m'avait dit quelque chose, et qui ne mentait pas.

CHAVAROT, *tendant la main.*

Rends-la-moi.

NANON, *retirant la lettre.*

Pardon : c'est à madame que je dois la remettre, puisqu'elle contient la dot de mademoiselle.

Mme DESPERRIERS.

Une dot!

NANON.

Oui, madame, une dot de six cent mille francs, que je lui ai trouvée. (*Elle remet la lettre à madame Desperriers, qui s'empresse de la lire.*)

CHAVAROT.

Et les autres?

NANON, *tirant de sa poche un paquet de lettres.*

Vos lettres d'amour? (*Elle tend le paquet à Chavarot.*)

DUMÈGE, *s'en emparant brusquement.*

Cela me regarde, et je m'en charge.

CHAVAROT, *avec une fureur désespérée.*

Sorcière de Nanon!

NANON.

Vous vous trompez, monsieur : ce n'est pas Nanon-la-Sorcière qu'il faut dire; c'est Nanon-la-Trouveuse, pour vous servir. (*Elle lui fait la révérence.*)

Mme DESPERRIERS, *après avoir lu la lettre que Nanon lui a remise.*

Maître Chavarot, je vous félicite de votre désintéressement.

DUMÈGE, *à Mme Desperriers.*

Vous voilà rassurée, madame : laissez-vous attendrir.

Mme DESPERRIERS.

Je ne pactise pas avec des rebelles. (*Adèle et Henri, qui tiennent d'entrer ensemble par la porte du fond, entendent les dernières paroles de madame Desperriers.*)

SCENE DERNIÈRE.

ADÈLE, DUMÈGE, Mme DESPERRIERS, HENRI, NANON, CHAVAROT.

ADÈLE, *se jetant dans les bras de Dumège.*

O mon père! obtenez-moi mon pardon.

HENRI, *s'inclinant devant Mme Desperriers.*

Madame, vos enfants viennent avec respect vous demander votre bénédiction.

DUMÈGE, *à Mme Desperriers.*

Vous le voyez, madame : ils se sont soumis d'eux-mêmes.

Mme DESPERRIERS.

Je suis prise.

DUMÈGE.

Et désarmée. (*Il pousse Adèle dans les bras de madame Desperriers, que Henri presse vivement de son côté.*)

Mme DESPERRIERS, *cherchant à se dégager.*

Avec une pareille dot, cependant, ma petite-fille aurait un beau mariage.

ADÈLE.

Ah! grand'maman, si les plus beaux sont les plus heureux....

HENRI, *continuant.*

Je vous réponds, madame, qu'elle sera millionnaire.

FIN.